表達性藝術

幼兒音樂課程

教學指導手冊（上冊）

娃娃小魔女【小班】　奇幻遊樂園【中班】　小海馬的家【大班】

吳幸如◎著

作者簡介

吳幸如

台南應用科技大學幼兒保育系助理教授
社團法人中華國際兒童產業暨教育協會創會理事長
中國國家職業培訓技術指導師（OSTA/CETIC）
淂洣國際嬰幼兒美感教學系統創辦人暨執行長
第十二屆台灣奧福教育協會副理事長暨秘書長
台南市鼓樂協會音樂藝術總監
國際嬰幼兒律動輕瑜伽（IBESY）創辦人
台灣幼兒早期教育協會教育委員
台灣國際嬰幼兒發展協會教育委員
台南市基督教青年會兒少委員會委員
高雄市旗山區旗尾國小校務發展顧問
中國文化大學推廣教育中心母嬰美育課程證照班講師
國際奧福 Orff ／美國 Kindermusik ／表達性藝術國際證照培訓講師

　　加拿大多倫多大學皇家音樂學院畢業，獲鋼琴演奏與理論教師特優雙文憑，並取得美國桑密特大學音樂藝術教育碩士學位，修習奧福、達克羅茲、高大宜等完整課程培訓，多年來從事兒童美感教育課程之研發與證照推廣。多次參與國際音樂治療研習，引發音樂治療在兒童與特教領域應用的興趣，赴美研修音樂治療課程，為美國音樂治療學會（AMTA）會員，並獲美國表達性藝術音樂治療（EAMT）證照、國際頌缽音療（MISP）證照、美國 Kindermusik 音樂藝術（KCL）執照、國際 Birthlight 嬰幼兒瑜伽文憑（BDBY）、國際嬰幼兒按摩協會認證講師（CIMI）、國際幼兒在校按摩合格講師（MISP）、日本フィトセラピー協会植物療癒師（Phytotherapy therapist）、日本ハンドケア協会手部照護師（Handcare meister）、英國（TMTS）按摩治療師協會及加拿大（EAMT）按摩培訓學校認證講師、參與正念減壓（MBSR）密集班（初階／中階）、正念臨床引導師結業。

　　持續推廣兒童音樂教育逾三十年，受邀於中國山東、杭州、北京、西安、寧波等地擔任音樂與藝術師資培訓課程講師，多次主持國中、國小、幼教音樂師資培訓、擔任幼托中心機構之督導，與各縣市教育局主辦「美感教育」師資養成計畫。曾任台灣音樂輔助治療協會理事，受邀於楠梓特殊學校、南部精神醫療院所、特教機構、養護中心等從事音樂治療之輔導工作，及各大醫療機構的音樂治療與實務課程之講授分享與示範演練，專業之音樂著作多達二十餘冊。

　　目前任職於台南應用科技大學幼兒保育系，教授音樂教育概論、美感教育、兒童音樂治療、音樂課程設計、創造性肢體律動、表達性肢體開發、創造性音樂戲劇、嬰幼兒節奏撫觸按摩、幼兒律動輕瑜伽、嬰幼兒手語歌謠、社區親子音樂、樂齡音樂舒緩按摩、非洲鼓樂舞蹈、Educational Drum Circle、Drum healing 等課程。

序

　　音樂是集藝術、娛樂、教育與心理的一門專業學問，其內涵與功能遠超越文字與語言。音樂功能自古以來深受肯定，不但能提升個人藝術涵養，更能增進生理、心理的健康，以臻人格的健全。

　　回想近二十年的音樂教學生涯，學生從幼年、青年、乃至老年族群，到從事音樂治療輔導案主的過程，每每從他們滿足、自信、愉悅的笑容中，讓我更肯定音樂化育的功能，使我義無反顧的投入更大的心血去專研音樂的原理與奧妙，來加強自己的音樂素養以期能夠利人利己。

　　表達性藝術的領域（音樂、舞蹈、繪畫、戲劇……）無遠弗屆，但不失其共通性與交集性。在幼年成長的教育裡，人文藝術的培養能給予幼兒健全的人格發展，並表現在日後德、智、體、群、美的成就上。也因此，國民義務教育中九年一貫的課程裡亦包含了人文藝術領域的教學。

　　筆者認為幼兒的音樂教育中，讓幼兒欣賞音樂、聆聽音樂、舞動肢體來培養興趣，比讓他們成為音樂家來得重要。從遊戲活動中喜愛音樂，鼓勵幼兒運用想像力與創作力達到音樂藝術的成就，讓幼兒了解到原來音樂也可以這麼「好玩」，它可以與舞蹈、繪畫、文學、戲劇融合，即使不能完整的唱一首歌，你也可以翩然起舞；即使舞姿不夠曼妙，你也可以創造一則故事，當上劇中的主角，甚至畫出一幅有聲音的圖畫……。自然而然的，他們就會想要更深入到多元的音樂領域中。

　　本著這樣的理念，融合達克羅士、高大宜與奧福三大教學理念，結合多年的音樂教學經驗與心得，筆者設計了一系列的「表達性藝術幼兒音樂課程教學指導手冊」與「幼兒音樂課本」。課程中結合了舞蹈、歌唱、童韻、繪畫、戲劇與文學，透過誘導、探索與體驗，融入本土性與統整性的教學，讓幼兒接受多元化的思維，從中來提升幼兒的創造力，展現個人的特質，並給予自由成長空間。此外，亦希望有心於從事音樂藝文教育者也擁有一份實用的參考資料，即使你不會彈奏樂器，亦能找到表達性藝術中共通的資源，帶領學習者進入音樂的殿堂。

　　本系列之表達性藝術幼兒音樂課程分為小班、中班、大班「教學指導手冊」合集上、下兩本與「幼兒音樂課本」六本。「表達性藝術幼兒音樂課程教學指導手冊」須搭配同系列的「幼兒音樂課本」來實施教學，每一主題單元都可以當成

主題性的課程，或成為原有的音樂課程的教學補充資料。甚至中、大班的單元內容可以延伸應用至國小一、二年級「九年一貫課程之藝術與人文」的領域裡。

　　教學指導手冊中之「需要的教材教具」與「附錄」提供了如音樂、CD、書籍、樂器、樂譜……等教學資源，指導者可以到唱片行、書局或上網尋找相關資料，或自行應用到相關的題材上。關於「幼兒音樂課本」，筆者希望提供的是一本幼兒學習成長的紀錄本，課本裡將保留幼兒藝術作品與音樂活動中為幼兒所拍攝的相片，希望指導老師們能用心參與幼兒的學習過程，豐富幼兒們的童年記憶。所以照相留影是不可或缺的一環，一步一腳印，讓幼兒擁有一份美好的回憶。

　　人文藝術的涵養與教育必須從幼兒時期開始培養，才能達到事半功倍的效果。日後致力於開發教學資源與學習是筆者努力的目標，由於個人才疏學淺，在課程的規劃與設計上或有不盡完善之處，還請先進們與讀者不吝指教。

哈佛幼兒教育機構

　　哈佛幼兒教育機構致力於幼兒教育的實踐與研究逾二十年，師資群皆持有零至三歲、三至六歲混齡教學之國際蒙特梭利協會執照〔Association Montessori International（AMI）〕，是國內蒙特梭利教學中少見的師資陣容。本機構在幼兒藝術活動推廣上亦達十年之久，同時邀約藝術工作者及教育工作者與本機構合作，協同參與幼兒的藝術教學活動。因緣際會下有幸認識吳幸如老師，秉持一貫的認真態度，合作策劃了這一系列「表達性藝術幼兒音樂課程」，期能為國內幼兒音樂教學活動找到適合的教材。

致　謝

　　這套叢書能夠順利出版，首先要感謝我的父母在幼兒時期給了我一個豐富的藝文課程，有音樂、舞蹈與繪畫的陪伴。更在父親的支持下順利的完成國外的學業，取得音樂藝術教育的學位。感謝恩師 Prof. B. Lysenko、J. F. Wilmouth 帶我進入寬廣的音樂視野，J. F. Weilly, MT-BC 帶領我了解到音樂的治療功能。我永遠珍惜這段學習中最珍貴的回憶。

　　感謝親愛的老公，從始至終一直鼓勵我、支持我、給我信心，在身心疲憊時幫我按摩，紓解我身心的疲憊，帶給我溫暖。

　　感謝「哈佛幼稚園」謝富雀園長的信任與支持，及園所老師們用心投入整個的實驗教學，讓我能夠施展所長。因緣際會下，園所為特殊教育機構舉辦一場公益性的表演節目，幾經與謝園長的討論與籌劃裡，帶領幼兒與園所老師在台南市立文化中心舞台演出「3～6 歲與 158 單位──幼兒音樂節奏與生命力」，老師們的自信及孩子展現出的活力與快樂，正是我們所期待與樂見的。

　　感謝台南科技大學（原台南女子技術學院）前校長陳教授豐村對本書的推薦，以及提供充分的空間，讓老師們可以發揮各自的專長與專業。

　　感謝國立台南大學音教所謝苑玫副教授的特別撥冗，與她討論時下的一些音樂教育概念時，其豐富的學養帶給我非常寶貴的啟發。

　　感謝仁仁音樂中心劉嘉淑老師，在實務上所提供的見解與熱情。劉老師是位非常有熱誠與活力的老前輩，投入兒童音樂教育多年，常有許多點子讓我驚豔不已，是我效法的對象。

　　最後感謝出版社團隊的辛苦，出版這一套書籍，林敬堯總編輯幾次百忙之中抽空南下與我討論出版細節、執行編輯文玲小姐的細心總校對與建議，及筆者學生們的活潑可愛，讓我有更多的靈感來發揮創意。

（ 小 班 ◆ 上 冊 ）

娃 娃 小 魔 女

【目　錄】

（ 中 班 ◆ 上 冊 ）

奇 幻 遊 樂 園

【目 錄】

（ 大 班 ◆ 上 冊 ）

小 海 馬 的 家

【目 錄】

（小班◆上冊）

娃娃小魔女

魔拳魔掌

單元 1

🐞 **活動目標：**

❶ 增進幼兒對拍子的感受能力。
❷ 透過指令遊戲來認識肢體各部位名稱。
❸ 培養幼兒人際互動的遊戲精神。
❹ 讓幼兒體驗歡樂的音樂學習經驗。

🐞 **設計理念：**

　　從「貼紙遊戲」中的肢體碰觸，拓展幼兒與他人的人際互動與環境的認識。並藉由「口令遊戲」讓幼兒融入音樂活動，隨著老師的歌曲節奏做出肢體動作，帶領幼兒進入歡樂的音樂世界。

🐞 **活動過程：**

▆· 引起動機

　　老師拿出稻草人（或動物）的懸絲偶（或手偶）來引起幼兒的興趣，引導幼兒做出

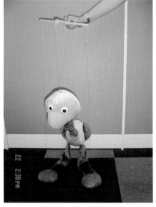

大嘴鳥

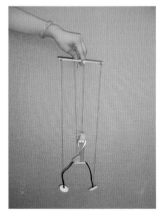

懸絲偶

和它一樣的動作，如：單腳站、張開雙手、雙腳跨開到最大、躺在地板上⋯⋯。

🎙 · 活動一／肢體動作模仿

❶ 當老師輕拍著鈴鼓【♩ ♩ ♩ ♩⋯⋯】，幼兒學稻草人走路，直到老師停止鈴鼓拍打的聲音，同時下指令，如：手摸頭髮、手摸鼻子、頭碰地板⋯⋯等，幼兒停止行進並依指令做動作。

❷ 方法同步驟❶，指令的動作則可以由一個人改為兩個人肢體互碰，如：屁股碰屁股、膝蓋碰膝蓋⋯⋯。

🎙 · 活動二／聽指令做動作──貼紙遊戲

❶ 老師拿出動物圖卡，讓幼兒了解動物的習性與走路特質，將稻草人走路的動作改為學動物走路，如：學大象走路、青蛙跳躍⋯⋯。

動物圖卡

❷ 老師發給每位幼兒一張圓形貼紙，請幼兒找出自己身體最喜歡的部位，將貼紙貼上，如：膝蓋、額頭、臉⋯⋯等（方法同活動一步驟❷），鈴鼓響起，幼兒學老師所指示的動物走路，等到鈴鼓聲一停，每一位幼兒將自己貼貼紙的部位和別人身上的貼紙部位碰在一起，或是以貼貼紙的地方去貼地板或牆壁或桌子⋯⋯等等。

貼紙遊戲（一）

貼紙遊戲（二）

老師可以利用貼紙遊戲，引導新進園所的幼兒認識教室周圍環境與新朋友，提昇人際的互動以減少陌生感。

活動三／兒歌──「握緊拳頭」

❶ 教唱傳統兒歌「握緊拳頭」（見附錄）。

❷ 一邊唱歌一邊跟隨歌詞做動作，速度可以隨著練習的次數加快。

❸ 老師可以更換歌詞內容，如：打開眼睛、閉上眼睛……或是向前彎腰、向後彎腰……，增加幼兒對身體名稱的認識。

結束活動

請幼兒再唱一次「握緊拳頭」的兒歌，並翻開課本（p.4）找出娃娃小魔女。

需要的教材教具：

❶ 樂器：鈴鼓。

❷ 稻草人偶（懸絲偶、棒偶或手偶）。

❸ 動物圖卡。

小班　娃娃小魔女

附錄：歌曲

握緊拳頭

傳統兒歌
改編：吳幸如

1.握緊 拳 頭 放開 拳 頭 拍拍 手掌
(改編)2.閉上 眼睛 張開 眼睛 轉轉 頭呀

握緊 拳 頭 放開 拳 頭 拍拍 手 掌
點一 點 頭 左 肩 動動 右肩 動 動

把 兩隻 小手 向 上 舉 耳朵 兩 個
把 兩隻 小手 向 前 舉 肚子 一 個

眼睛 兩 個 鼻子 一 個 嘴巴 也一 個
屁股 一 個 兩隻 腳 丫 十根 腳 趾 頭

魔眼魔耳

 活動目標：

❶ 發揮幼兒的創造力及想像力。

❷ 培養幼兒對週遭環境的敏銳觀察力。

❸ 藉由音樂活動豐富幼兒的肢體語言。

 設計理念：

　　播放事先錄製好的自然界聲音（如：水聲、風聲、雨聲）、動物聲音（如：狗叫聲、貓叫聲、鳥叫聲）、物體聲音（如：電話鈴聲、關門聲、敲門聲），讓幼兒透過聽覺遊戲來學習分辨各種不同聲音的能力（可參考信誼出版：《耳聰目明──聽聲音找圖片 1 & 2》）。

 活動過程：

▬·引起動機

❶ 拿出事先錄製的 CD 或錄音帶，播放出聲響讓幼兒注意聽聽看是什麼聲音？並說出答案。

❷ 讓幼兒聽完所有錄製的聲音，再一起討論這些聲音的特性。

📢 活動／聽力訓練——聲音配對

❶ 老師配合播放的聲音拿出圖片，問問幼兒是否一樣？讓幼兒聽聲音並找出聲音的圖片。

聲音與圖片配對

❷ 待幼兒對聲音與圖片配對熟悉後，請幼兒模仿他所聽到的聲音做出動作，如：發出「噓──噓──」風聲，身體模仿「風」輕盈地飄來飄去的動作；發出「鈴──鈴──」電話聲，身體震動跳躍……等。

📢 結束活動

聲音配對

❶ 告訴幼兒大自然界有各種不同的聲音，以及我們生活的週遭也會有千變萬化的聲音（如電話聲、狗叫聲、貓叫聲、汽車喇叭聲……），平常可以多留意。

❷ 請幼兒翻開課本中的圖畫（p. 5～6），找出各種物體，並模仿出聲音。

動物圖卡

🔊 貼心小叮嚀

　　老師可以請幼兒在家中，模仿動物或其他物體發出的聲音，並讓身體做出配合該聲音的動作，讓爸爸、媽媽猜猜看是什麼？

🐞 延伸活動：

❶ 分組讓幼兒自由創作聲音，並當場錄製下來一起分享創作。

❷ 配合聲音進行肢體動作的創作（老師須依幼兒的能力來指導）。

🐞 需要的教材教具：

❶ CD 音響。

❷ 錄製各種聲音的錄音帶或 CD。

❸ 各種大自然及動物的圖片。

❹ 錄音帶、錄音機。

筆記欄

魔音傳耳

🐞 **活動目標：**

❶ 藉由音樂活動促進幼兒大肌肉動作的伸展。
❷ 增進幼兒的創造力與即興反應能力。
❸ 培養幼兒樂於與他人分享的心境。

🐞 **設計理念：**

利用繪本，讓幼兒藉由故事情節來創造音效，並將其聲音錄製下來（內容包括動物叫聲、自然聲音、物體、樂器聲音等情境）。希望透過聲音錄製的活動，增進幼兒對聲音與肢體的模仿能力。

🐞 **活動過程：**

✏ 引起動機

❶ 老師分別發出一些聲音（如：鳥叫、狗叫聲、風聲、雨聲……），讓幼兒猜是什麼聲音，並聯想在什麼狀況下會聽到這些聲音。

快樂的聲音

❷ 邀請幼兒一起玩音效遊戲。

■ 音效創作與配器

生氣的聲音

❶ 老師先講述一遍《布萊梅樂隊》故事情節
（見附錄）。

❷ 將幼兒分組，每個人（或二至四人）選定
一個角色，老師可以準備一些日常用品，
如：報紙、綠豆、鍋子……等音效道
具，讓幼兒配合故事情節來製造音效與配
音。

報紙

❸ 老師讓每組幼兒模擬配過音效後，再進行
錄音。錄好音效後，與幼兒一起分享。

貼心小叮嚀

老師指導幼兒錄音時可以搭配肢體動作，盡可能將聲音誇
大，讓聲音能很清楚地錄下來。

■ 結束活動

讓幼兒了解聲音有許多的變化，鼓勵幼兒平常可以多練習，用自己的聲音製
造出不同的效果。請幼兒翻開課本（p. 7），找出《布萊梅樂隊》的成員，並模
仿四隻動物的叫聲。

🐞 延伸活動：

學機器人說話的聲音，或是生氣時、開心時的說話聲音……等。

🐞 需要的教材教具：

❶ 錄音機。

❷ 空白錄音帶。

❸ 輔助物品：報紙、綠豆、鐵鍋蓋……等。

❹ 參考書籍：《繪本童話故事》，*布萊梅樂隊*，第 12 本。台北：企鵝圖書。

🐞 附錄：《布萊梅樂隊》故事大綱

　　有一隻為主人辛苦工作了一輩子的驢子，到了年老時體力逐漸衰退，再也沒辦法載運貨物到磨坊去，因此主人開始對牠的態度不友善。驢子發覺主人的態度改變，便偷偷地跑出來，打算到布萊梅去加入當地的樂隊。沿路遇到老狗、老貓與老公雞，展開了一場奇異之旅……。

筆記欄

身體變變變

🐞 **活動目標：**

❶ 提昇幼兒肢體動作的模仿能力。
❷ 增進幼兒大肢體的延展性與協調性。
❸ 從音樂活動中發揮幼兒的想像力與創造力。

🐞 **設計理念：**

　　對幼兒而言，肢體模仿的題材必須生活化、具體化。因此，本單元選擇了幼兒日常生活中時常見到的交通工具以及喜愛的動物為模仿對象，讓幼兒能靈活運用肢體進行動作的模仿，提昇幼兒的想像力與創造力。

🐞 **活動過程：**

✏ ‧引起動機

　　老師和幼兒討論早上上學時搭乘什麼交通工具，以及路上曾經見過的交通工具，如：摩托車、汽車、飛機……等等（老師可以利用圖卡或書本來引導）。

🎙 活動一／肢體動作模仿

❶ 拿出動物的圖卡、交通工具的圖卡,與幼兒討論其特徵、外型、特性、聲音及速度的快慢。

動物圖卡

❷ 請幼兒模仿交通工具及動物的動作,如:飛機怎麼飛?摩托車如何騎?兔子跳的姿態?螃蟹爬的動作?……等。

螃蟹圖卡

🎙 活動二／創造性肢體律動

❶ 老師安排肢體模仿的順序(如:兔子→螃蟹→腳踏車／金龜車→飛機),運用不同的樂器,帶領幼兒進行肢體律動遊戲(如:兔子用「邦哥鼓」代表;螃蟹用「鐘琴」代表;腳踏車用「手鼓」代表……等),讓幼兒熟悉其動作順序。

❷ 配合音樂(見需要的教材教具)進行肢體律動遊戲。

貼心小叮嚀

♪ 播放音樂時,老師可以適時加入不同樂器,提醒幼兒動作模仿的順序。

♪ 前奏及間奏部分,不敲樂器,避免音效過於複雜。

♪ 手鼓的敲奏,可以利用手指指尖摩擦鼓面製造音效。

🎙 活動三／音響圖形

❶ 老師將製作的音響圖形海報貼於白板上(可參考幼兒音樂課本音繪圖形)(p. 8),配合音樂指出圖形。

❷ 請幼兒拿出課本（p. 8），用手來隨著音樂指出音響圖形。

🔊·結束活動

請幼兒做出今天他最喜愛的交通工具或動物的肢體動作。

🐞 延伸活動：

把幼兒分成四組，分別當不同的交通工具或動物，如：兔子→螃蟹→腳踏車
／金龜車→飛機，隨著音樂分別做出不同的動作表演。

🐞 需要的教材教具：

❶ CD 音響。

❷ 音樂 CD：「激盪音感力」（U310009），*Balancoires*，第 10 首。台
北：上揚。

❸ 樂器：鈴鼓、手鼓、邦哥鼓、鐘琴等四種。

❹ 動物圖卡。

❺ 交通工具圖卡。

筆記欄

單元 5

魔法雲朵

🐞 **活動目標：**

❶ 增進幼兒對高、低音的感受力。

❷ 促進幼兒大肌肉動作的協調性與聆聽的專注能力。

❸ 培養幼兒對聲音的模仿與創造能力。

🐞 **設計理念：**

　　以愉悅的氣氛帶入音樂活動，透過聽覺遊戲讓幼兒分辨高、低音，並利用聲音的模仿發揮幼兒的想像力與創造能力。

🐞 **活動過程：**

✏ ·引起動機

❶ 與幼兒一起看看窗外的天空有什麼？與幼兒一起討論天上雲朵的形狀、顏色和雲朵高低的位置。

❷ 師生共同製作雲朵圖卡。老師發給幼兒圖

製作雲朵

畫紙與蠟筆，請幼兒在圖畫紙上畫空白雲朵，老師幫忙塗上膠水，將空白雲朵貼上棉花。

✏ · 活動一／高低概念──美麗的雲朵

老師敲擊三角鐵與大鼓，讓幼兒感受聲音高低（三角鐵──高音，大鼓──低音），加入肢體動作（如：高音──站起來，低音──蹲下）來表現。

✏ · 活動二／聽力訓練──聽信號做反應

請幼兒手上拿著製作完成的雲朵圖卡，聽信號做反應。例如：聽到「三角鐵」的聲音，把雲朵圖卡舉高；聽到「大鼓」的聲音，把雲朵圖卡放低，感受高、低音的不同。

聽音訓練

✏ · 結束活動

❶ 請幼兒將雲朵圖卡排放於地板上，一起創造出圖形與他人共同分享。

❷ 紙上作業（p. 10）：請幼兒將課本上的雲朵貼上棉花。

🐞 延伸活動：

❶ 聲音模仿（高、低音）。如：模仿一些較高的聲音，例如：小鳥叫、警車響聲、老鼠叫聲……等；模仿一些較低的聲音，例如：牛叫聲、大鼓聲……等。

❷ 「小毛蟲」的遊戲──幼兒先彎腰伸手至腳部，老師利用鐘琴慢慢敲出由低至高的音，幼兒用手指做爬行動作，慢慢地由腳

毛毛蟲

爬至頭頂：表示小毛蟲爬樹。老師敲出由高至低的滑音，幼兒立即放軟身體，坐倒在地上：表示小毛蟲突然由樹上跌下。

 需要的教材教具：

❶ 樂器：三角鐵、大鼓、鐘琴。

❷ 圖畫紙。

❸ 蠟筆。

❹ 棉花與膠水。

筆記欄

單元6 水果精靈

🐞 **活動目標：**

❶ 培養幼兒對高、低音的感受能力。
❷ 增進幼兒大肌肉動作的協調性。
❸ 激發幼兒的想像力與聽覺敏銳度。

🐞 **設計理念：**

　　以故事、遊戲方式帶入聽力的訓練，利用水果圖卡配合音感鐘的敲奏，讓幼兒感知音的高與低，從活動中帶領幼兒體驗肢體創作的樂趣。

🐞 **活動過程：**

　　▇·引起動機

　　＊會唱歌的猴子

　　老師以棒偶的方式說故事——「會唱歌的猴子」（見附錄）。

■·活動一／音感鐘的歌唱

❶ 介紹樂器──音感鐘。

❷ 師生共同討論聽到高音 C（Do）、中央 C 音（Do）的感覺，就如同故事中聰明的猴子（見附錄故事）……。

音感鐘

❸ 老師敲擊音感鐘，請幼兒聽到高音 C（Do）時，就把雙手舉高唱出【♩ ♩ ♫ ♩】的節奏；當聽到中央 C 音（Do）時唱出【♩ ♩ ♫ ♩】的節奏，就把雙手放低，感受高、低音肢體動作的不同。

❹ 老師亦可請幼兒改變動作，如：聽到高音 C（Do）連續敲奏時【♩ ♩ ♩ ♩……】，則雙手舉高並墊腳尖走路；聽到中央 C 音（Do）連續敲奏時，則雙手放下彎腰走路……。

聽力訓練（一）

聽力訓練（二）

■·活動二／聽力訓練──摘水果遊戲

❶ 老師拿出自製水果圖卡（蘋果、草莓）。

❷ 將蘋果圖卡放在高處（用曬衣夾將蘋果圖卡夾好後掛在高處，以幼兒可以拿取的高度為主），把草莓圖卡放在地上。

❸ 請幼兒聽到高音 C（Do）時，摘下蘋果圖卡；聽到中央 C 音（Do）時，拿起草莓圖卡。比賽看看誰得到的水果最多！

老師可以送小貼紙給答對的幼兒，以資鼓勵。亦可以讓幼兒當小老師來敲奏音感鐘，增加其信心與成就感。

✏ 結束活動

❶ 翻開課本（p. 11），看看小魔女在做什麼？問幼兒這時候應該敲哪個 C（Do）音？

❷ 紙上作業（p. 12）：老師利用音感鐘分別敲出聲音 C（Do）與中央 C（Do）音，請幼兒分別於線上畫出圓圈。

🐞 **延伸活動：**

音樂階梯遊戲：請幼兒利用身體的動作來表示聲音的高低。如：老師敲音感鐘：高音 C（Do）、中央 C 音（Do）、高音 C（Do），則邀請三位幼兒依序把音的高、低、高用肢體來展現。〔如：第一位幼兒雙手放在頭上站立代表：高音 C（Do）、第二位的幼兒則是彎腰用手摸膝蓋來代表：中央 C 音（Do），第三位幼兒雙手放在頭上站立代表：高音 C（Do）。〕

🐞 **需要的教材教具：**

❶ 樂器：音感鐘、大鼓、三角鐵。

❷ 水果圖卡。

❸ 曬衣夾及童軍繩。

🐞 附錄：故事

會 唱 歌 的 猴 子

在森林中，住了許多可愛的動物，牠們都相當喜愛聽音樂、摘水果，尤其是猴子一家人。大猴子一聽到高音C（Do）就會特別開心，將雙手舉高，開心地歡呼並唱著：<u>高、高（高音 Do）摘蘋果【♩ ♩ ♫ ♩】</u>，然後大猴子就會爬到高高的樹上摘蘋果吃。小猴子則是聽到中央C音（Do）特別開心，牠會把雙手放低，歡呼並唱著：<u>低、低（中央 Do）吃草莓【♩ ♩ ♫ ♩】</u>，然後小猴子就會在地上摘草莓吃⋯⋯。

老山羊不相信猴子一家有如此厲害的本領，想要親自去考考牠們。於是老山羊帶著禮物去找大猴子和小猴子，告訴牠們：「如果你們真的可以分辨聲音的高、低，那麼將能得到我帶來的一份神秘禮物⋯⋯。」

單元 1

魔法小馬兒

🐞 **活動目標：**

❶ 增進幼兒對唱歌的興趣。

❷ 透過活動培養幼兒肢體創作能力。

❸ 經由肢體節奏（Body Percussion）來體驗頑固伴奏的樂趣。

🐞 **設計理念：**

　　透過日本傳統歌謠——「小馬」這首簡單、輕快又活潑的兒歌，帶領幼兒隨著節拍做肢體頑固伴奏，讓幼兒有固定拍的基本概念。由於小班的年齡層較小，動作節拍是以四分音符【♩】固定拍的長度來呈現，讓幼兒有充分的時間做動作，增加他們學習的慾望。

🐞 **活動過程：**

🔖 引起動機

❶ 老師拿出小馬兒的圖片來與幼兒討論馬兒的特徵、跑的動作等（p. 13）。

❷ 老師可以利用手鼓、鈴鼓或高低木魚打出節奏【♫ ♫ ♫ ♫ ……】，

小班 娃娃小魔女

請幼兒模仿馬兒跑步的樣子……。

■·活動一／兒歌──「小馬」

❶ 老師播放或彈奏「小馬」兒歌（見所需教材），邀請幼兒一塊兒哼唱，並模仿老師拍打肢體的動作。

❷ 以【♩】頑固伴奏，利用齊唱的方式，讓幼兒熟悉歌曲與歌詞，再以輪唱（依幼兒程度而定）的方式做變化。

貼心小叮嚀

老師可以四小節或兩小節換一次動作，配合幼兒的能力來進行活動。盡量不要超過四種以上不同的動作。

肢體動作圖卡

■·活動二／創造性肢體節奏

拿出設計好的海報，以肢體動作圖卡配合音樂來做動作，老師可以自由變化動作圖卡順序。如：拍手→拍屁股→扭腰；學母雞拍翅膀→踏腳拍屁股；拍手→踏腳→扭腰……。

肢體節奏練習（一）

■·結束活動

老師以鈴鼓拍打【♩】頑固伴奏，請幼兒以齊唱或輪唱的方式唱歌。

肢體節奏練習（二）

❶ CD 音響。

❷ 音樂 CD：「童歌童詩 e 世代」，*小馬*，第 9 首。台北：貓加熊唱片公司。

❸ 樂器：手鼓、鈴鼓或高低木魚。

❹ 自製大海報。

❺ 圖卡：小馬及肢體動作卡。

🐞 附錄：歌曲

小　馬

日本傳統兒歌

小馬跟著　爸爸媽媽　快快樂樂

去玩耍　爬過小山　越過小溪

碰古力碰古力　往前跑

小班娃娃小魔女

筆記欄

魔力我最棒

單元 8

🐞 活動目標：

❶ 體驗四分音符【♩】固定拍的節奏。
❷ 增進幼兒的手眼協調能力。
❸ 利用肢體圖卡發揮幼兒肢體創造潛能。

🐞 設計理念：

利用肢體圖卡讓幼兒做出肢體節奏及動作，給予幼兒自主性來變更動作的排序，增加教學的活潑與創意，滿足幼兒的表演慾望。

✏ 引起動機

複習上一單元教過的歌曲「小馬」。

✏ 肢體節奏創作遊戲

❶ 老師請幼兒拿出課本上已經設計好的肢體動作貼紙，與幼兒一起討論肢體動作。

❷ 讓幼兒撕下課本 p. 39 的貼紙（拍屁股、

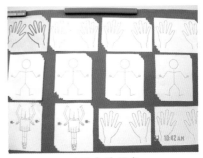

肢體動作圖卡

拍手、踏腳、扭腰）。

❸ 請幼兒依照自己喜歡的動作，排序貼在課本（p. 15）的方格上。

❹ 請幼兒試著做出自己排列的肢體動作，並跟著音樂哼唱兒歌。

貼心小叮嚀

老師可以適時引導幼兒肢體動作圖卡的排列方法，並帶領幼兒清唱歌曲，放慢速度來配合肢體動作。或選擇一位幼兒的作業讓全體幼兒一起來示範動作。

·結束活動

　　邀請幼兒分享自己所設計的動作，並翻開課本（p. 14），模仿圖畫中人物肢體拍的動作，聽聽看聲音是否一樣。

延伸活動：

　　除了以上的基本動作外，可以與幼兒一起討論還有什麼肢體動作？如：捏鼻子、拍肚子、踏腳……。

肢體動作練習

需要的教材教具：

❶ CD 音響。

❷ 音樂CD：「童歌童詩e世代」，*小馬*，第 9 首。台北：貓加熊唱片公司。

❸ 課本中的肢體動作圖卡。

❹ 安全剪刀數把。

❺ 膠水。

魔法滴答滴

🐞 活動目標：

❶ 體驗【♫】和【♩】的速度與節奏。
❷ 提供快樂學習音樂活動的情境。
❸ 增進幼兒與他人互動的機會。

🐞 設計理念：

　　藉由故事引導讓幼兒運用聽覺及肢體動作模仿，感受【♫】、【♩】的節奏型態。透過設計性的音樂遊戲增加活動的趣味性及參與感，配合使用節奏樂器的敲奏，提昇幼兒打拍子的穩定度。

🐞 活動過程：

✏ 活動一／音樂故事──「走路國」

❶ 故事引導：住在「走路國」裡的居民都是聽著老時鐘的聲音在走路。有一天老時鐘生病了，換來了小時鐘的聲音，這下可糟了，因為聲音突然快了許多，累壞了許多人（老師在說故事時，可利用高低木魚來表現節奏的快或慢），怎麼辦呢？

❷ 老師以高低木魚敲出快【♫】與慢
【♩】的節奏，讓幼兒模仿走路國的人走
路樣子。

📏 活動二／兒歌──「時鐘歌」（頑固伴
奏）

節奏練習（一）

❶ 老師事先將歌曲（見附錄）圖像化（參見
幼兒課本 p. 16～17）。在教唱之時呈現
節奏圖譜，然後一邊指著節奏圖譜，一邊
邀請幼兒一起唱歌。

節奏練習（二）

❷ 幼兒熟悉歌詞與旋律後，可以樂器來敲出
頑固伴奏（唱歌曲老時鐘的部分時，樂器
敲【♩】當頑固伴奏；小時鐘部分敲
【♫】當頑固伴奏）。

📏 結束活動

❶ 請幼兒依老師所敲出的節奏來走路，走去喝茶或是上廁所。

❷ 紙上作業（p. 16～17）：請幼兒為課本上的老時鐘和小時鐘的腳印著色。

🐞 需要的教材教具：

❶ 樂器：高低木魚。

❷ 節奏圖譜大海報。

❸ 蠟筆或彩色筆。

🐞 附錄：歌曲

時 鐘 歌

詞：羅淑玲

曲：吳幸如

老 時 鐘 呀　走 路 慢　滴 答　滴 答　小 時 鐘 呀

性 子 急　滴 滴　滴 滴　　答 答　答 答　　答

 ⟶ 跳音

筆記欄

單元 10　貓捉老鼠

🐞 **活動目標：**

❶ 培養幼兒的肢體靈活度及反應能力。
❷ 提供幼兒快樂學習音樂的情境。
❸ 提昇幼兒辨識音樂圖形的能力。

🐞 **設計理念：**

　　讓幼兒在輕鬆遊戲的情境下，運用聽覺去辨識快與慢兩段式的樂曲，且藉由肢體活動與故事型態來表現音樂情境，並讓幼兒以繪畫創作的方式來表達對音樂的感受，學習與他人分享的能力。

🐞 **活動過程：**

🎤·活動一／音樂遊戲

❶ 以音樂繪圖（參見幼兒課本 p. 18）的方式，引導幼兒聆聽背景音樂（見所需教材）。整首曲子共有三種不一樣的速度：一般速度 A & B；慢速度 A & B；快速度 A & B。

*注意事項：B 段分為 B^1，B^2，B^3，B^4，B^5 不同的節奏型態。

音樂遊戲（一）

音樂遊戲（二）

貓捉老鼠

❷ 音樂中的 A 段出現時，引導幼兒指著課本圖中老鼠，當音樂的 B 段出現時則指著貓。如此反覆數次，讓幼兒熟悉各段音樂所代表的意義（包含節奏與旋律的型態）。

❸ 貓抓老鼠遊戲：
A 段音樂出現時，當老鼠的幼兒快樂地出來玩耍。
B 段音樂出現時，扮演貓的幼兒出來追老鼠。扮演老鼠的幼兒要趕快躲到呼拉圈中，不要被貓抓到……等等。

貼心小叮嚀

　　老師可以製作道具：如貓咪的面具與手套爪，老鼠則以一條細繩代替尾巴……，配合音樂與幼兒玩貓追老鼠的遊戲，增加戲劇效果。

道具（一）

道具（二）

道具（三）

活動二／音樂與藝術創作——音樂繪畫

❶ 老師準備大張全開的海報紙及著色工具
　（可用水彩或是蠟筆……），讓幼兒聽
　音樂，自由創作圖。

音樂繪畫

❷ 請幼兒試著為自己的音樂圖畫命名，並與
　大家分享自己的畫作。

貼心小叮嚀

　　老師先以哼唱的方式，示範音響圖形的畫法，如：當音樂
慢的時候，則筆畫的線條可能是流暢自在的；當音樂出現快節
奏時，則筆畫的線條可能會是緊張快速混亂的感覺……。

延伸活動：

　　當Ａ段音樂出現時，幼兒能表現出老鼠的模樣。當Ｂ段音樂出現時，幼兒能
表現出貓咪的動作。

需要的教材教具：

❶ CD 音響。

❷ 音樂CD：「激盪音感力」（U310009），*Cinema*，第 15 首。台北：上
　揚。

❸ 呼拉圈數個（依幼兒人數而定）。

❹ 貓咪與老鼠道具。

❺ 大張全開的音樂繪圖海報（5～6 人一張）。

❻ 蠟筆或水彩數盒。

魔法玩具國

🐞 活動目標：

❶ 增進幼兒對不同樂器的音色辨識能力。

❷ 讓幼兒體驗肢體動作伸展、收縮的樂趣。

❸ 培養幼兒的肢體動作反應能力。

🐞 設計理念：

　　選出三樣音色差異性較大的樂器——三角鐵、沙鈴和高低木魚，透過故事及遊戲帶入不同樂器的介紹，可以使幼兒更熟悉這三種節奏樂器的名稱及音色，進而完成聽音做動作的指令遊戲。

🐞 活動過程：

📣 引起動機

❶ 老師拿出自製的積木玩偶（積木）、球類玩偶（球）和汽車玩偶（汽車玩具）和幼兒打招呼，並介紹其特徵。

❷ 和幼兒討論積木、球和汽車的功能。例如：積木可用來堆積木疊城堡、排

小班 娃娃小魔女

40

長長的火車……；球可以彈跳、丟球、傳球……；汽車有各類不同功用的用途……。

活動一／樂器介紹──玩具國大遊行

❶ 老師說〈玩具國大遊行〉故事（見附錄）。敘述玩具們遊行卻不遵守秩序，沙鈴負責使他們排隊整齊；三角鐵負責點名；高低木魚負責踢踏舞節奏……。說故事時配合劇情，敲擊這三種不同的樂器讓幼兒聽辨不同音色。

樂器

❷ 請幼兒輪流來敲敲看這三種樂器，並認識它們的正確名稱及敲奏方式。

❸ 老師翻開課本（p. 19），介紹這三種樂器敲奏的音響圖形。

貼心小叮嚀

老師可以適時簡化故事內容，並發給幼兒三種不同的樂器，跟隨老師敘訴故事中的情境來敲奏，製造音效。讓活動更加生動有趣。

活動二／肢體動作模仿──我是玩具

❶ 將幼兒分成三組，分別為「積木國」、「汽車國」和「球國」。與幼兒一起討論，想想如何扮演這三種玩具走路的樣子（例如：球跳著走、積木像機器人走路、汽車可以轉動方向盤，發出引擎聲……）。

玩具國大遊行（一）

❷ 老師負責敲擊這三種樂器，並請幼兒依照
指令玩遊戲。如：老師搖沙鈴則代表每一
組玩具要集合了；老師再敲一下三角鐵，
則積木國幼兒用手做出積木的形狀；汽車
國幼兒做出開車的樣子；球國幼兒做出球
形的樣子……。

玩具國大遊行（二）

❸ 當老師敲高低木魚，全部玩具國的幼兒則
可按照節奏即興跳自己的舞步。

❹ 可邀請幼兒輪流當指揮，指示敲打樂器的順序。

· 結束活動

紙上作業（p. 20）：翻開課本，將這三種樂器塗上漂亮的顏色。

延伸活動：

可運用這些樂器延伸不同指令的玩法。例如：敲三角鐵就代表要踮著腳尖走
路；敲高低木魚則要做出兔子跳的動作；敲沙鈴時，則要做出滿場跑的動作……。

需要的教材教具：

❶ 準備球類、積木和汽車的示範器具各一個。

❷ 樂器：三角鐵、沙鈴和高低木魚。

附錄：故事

玩 具 國 大 遊 行

（介紹沙鈴、三角鐵和高低木魚）

妞妞是個幸福的小孩，她的房間裡堆滿了各式各樣的玩具，都是爸爸、媽媽和爺爺、奶奶送的。有一天，妞妞睡著了，她的房間卻發生了一件奇妙的事……。

當妞妞睡著時，房間傳來一陣吵鬧的聲音，原來是玩具們正準備舉行一場大遊行，所有的玩具們（球、汽車、積木……）都想要表現自己，一不小心就開始推擠碰撞，非常吵鬧。這時候發出一陣沙沙沙的聲音，跳出兩個頭圓圓、身體瘦瘦的樂器，它說：「我們叫『沙鈴』（此時老師搖動沙鈴），我的聲音很特別喔，可以發出沙沙沙的聲音，所以請大家跟著我的聲音走。」

於是「沙鈴」就上下搖晃，努力發出沙沙沙沙的聲音。果然，玩具們跟著「沙鈴」節奏一起走，變得有秩序多了。「沙鈴」繼續搖，球國、汽車國、積木國的玩具們都陸續排好了隊。

可是過了不久，這些玩具們又吵架了，積木玩具、汽車玩具和球類玩具吵了起來，他們都想要第一個表演……。

這時「三角鐵」出現了，它告訴大家：「我叫『三角鐵』（此時老師敲著三角鐵），我的聲音很清脆，可以發出很好聽的聲音，大家不用著急，當我敲一下，就換下一組玩具遊行，不用搶，很公平。」於是「三角鐵」敲了一下又一下，讓大家輪流表演。

最後，玩具們開開心心地結束了遊行。忽然有人提議，我們一起來跳踢踏舞吧！「三角鐵」和其他的玩具們也都贊成，但是他們沒有適合的音樂……，這時候有一個害羞的聲音輕輕地說：「我是『高低木魚』（此時老師敲著高低木魚），雖然我很害羞，可是我可以發出踢踏舞的節奏，讓我來為大家伴奏吧！」玩具們都高興地歡呼。就這樣，所有的玩具在美妙的樂聲中，度過了一個非常棒的夜晚。

單元12 星星在唱歌

🐞 **活動目標：**

❶ 從樂器敲奏的活動中，增進幼兒肢體協調的能力。

❷ 藉由樂器合奏培養幼兒合作精神。

❸ 啟發幼兒對音樂圖形創作的表現能力。

🐞 **設計理念：**

　　利用介紹過的樂器：三角鐵、沙鈴和高低木魚，引導幼兒進行簡易敲擊與合奏練習。選出一首他們耳熟能詳的兒歌——「小星星」，結合幼兒舊有經驗，加入新鮮元素讓幼兒享受樂器合奏的樂趣。

🐞 **活動過程：**

✏ ·引起動機

　　在三角鐵、沙鈴和高低木魚這三種樂器上蓋一塊布，老師敲擊任何一樣樂器，請幼兒先聽聽看音色，再猜出樂器的名稱。

猜猜我是誰

● 活動一／星星在唱歌──樂器與肢體節奏

❶ 教唱傳統兒歌「小星星」，帶入【♫ ♩】固定拍的伴奏，請會唱的幼兒跟著一起唱。

❷ 可加上一些肢體動作來熟悉兒歌節奏。

❸ 幼兒熟悉兒歌之後，則可加入樂器的頑固伴奏。
　　a. 高低木魚：【♩（左）♫（右）♩（左）♫（右）】。或全部敲奏【♩】。
　　b. 三角鐵：【♩～～～　♩～～～　】。

● 活動二／小小指揮家

❶ 老師當指揮，將幼兒依樂器分為二組：a組拿高低木魚【♩】、b組拿沙鈴【♫】敲出頑固伴奏。隨著老師的指揮輪流敲擊，被老師點到的那一組，敲出節奏並唱歌曲。

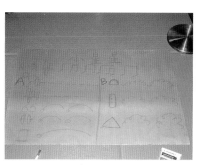

樂器圖形

❷ 待幼兒熟練後，請幼兒也體驗當指揮的樂趣。

貼心小叮嚀

　　當幼兒熟悉兒歌之後，老師可利用自製的樂器圖譜來進行合奏。

樂器合奏

■· 活動三／音樂圖形創作

紙上作業（p.22）：請幼兒在課本上畫出老師敲奏樂器的音響圖形。

■· 結束活動

老師與幼兒一起分享自己畫出的音響圖形，並數一數課本中（p.21）有幾顆小星星。

延伸活動：

讓幼兒找出可發出聲音的物品或加肢體節奏，來展現不同的伴奏效果。

需要的教材教具：

❶ 樂器：沙鈴、三角鐵、高低木魚。

❷ 大布巾。

❸ 蠟筆數盒。

筆記欄

單元 13

魔幻列車

🐞 活動目標：

❶ 藉由歌曲讓幼兒了解早期的台灣文化與鄉土語言。
❷ 提供幼兒人聲及肢體創作的機會。
❸ 培養幼兒團隊合作的精神。
❹ 【♫】的引導。

🐞 設計理念：

　　藉由台灣早期傳統歌謠「丟丟銅仔」，向幼兒介紹農村風貌、早期的火車，及人們的互動關係。如：一列長長的火車，載滿了許多甘蔗與一包包的糖，火車煙囪冒出濃濃的煙，當它經過了黑暗的山洞時，水滴在火車上，產生了一種特別的聲音節奏，非常有趣……等等。並利用【♩】與【♫】結合樂器與人聲來伴奏歌曲，讓幼兒從遊戲中感受頑固伴奏的節奏型態。

🐞 活動過程：

▦·引起動機

❶ 老師準備早期火車的圖畫，問幼兒與現在的火車有何不同？並請幼兒分享坐火車的經驗。

珠球

❷ 老師以木笛吹出火車鳴叫聲，讓幼兒模仿火車的嗚嗚聲。

❸ 請所有的幼兒排列成一列火車，老師以串珠（珠球）敲出節奏【♫ ♫ ♫ ♫】，引導幼兒模仿火車行進的動作。

🎺 貼心小叮嚀

老師注意節奏拍打的速度須配合幼兒的步伐，不要太快。

▦·活動一／丟丟銅仔

❶ 拿出火車的圖片（或火車的模型），並介紹「丟丟銅仔」這首歌（見附錄）。

❷ 用台語介紹幼兒這首歌裡的關鍵字，例如「火車」、「丟丟銅仔」、「滴落來」……。

火車過山洞（一）

❸ 老師利用教室的資源佈置情境（如：小山丘、河流……），請兩個幼兒成一組手牽手拉高變山洞，老師當火車頭，帶領著

其他的幼兒模仿火車過山洞。

❹ 讓每個幼兒都輪流玩火車過山洞的遊戲，並從活動熟悉這首歌謠。

火車過山洞（二）

➡ 活動二／固定拍的練習——火車遊戲

❶ 將幼兒分組成好幾輛的小火車，請幼兒隨著歌曲與老師敲奏的固定拍【♫ ♫ ♫ ♫】進行開火車的動作。

❷ 當音樂停下來的時候，找一組火車頭猜拳，輸的那輛火車需排在贏的那輛火車後面，到最後變成一列最長的火車。

➡ 活動三／人聲與肢體創作

❶ 讓幼兒練習用人聲的部分，表現出火車的聲音並配合肢體動作做創作，例如Ａ組幼兒以人聲持續發出「ㄅㄨㄅㄨ」【♩ ♩】的聲音並踏腳；Ｂ組幼兒發出「七恰七恰」【♫ ♫】的聲音並拍手；Ｃ組幼兒則學火車前進。

❷ 「火車大遊行」：可用數個呼拉圈在地上排一個大圈圈，幼兒以【♩】的速度走路前進，手拍【♫】的節奏。

➡ 結束活動

❶ 幼兒唱「丟丟銅仔」，並以【♫】或【♩】的固定拍節奏做為伴奏。

❷ 紙上作業（p. 23）：請幼兒在課本上畫出八分音符的符幹。

🐞 延伸活動：

❶ 介紹幼兒各種不同火車的功能，並創造不同的行進方式。

❷ 玩「我是火車」的遊戲時，呼拉圈的擺法亦可以是直的、或是彎曲型的，
來增加它的趣味。

🐞 需要的教材教具：

❶ CD 音響。

❷ 音樂 CD：「小精靈音樂盒」，*丟丟銅仔*，第 15 首。台南縣：奇美文化
公司。

❸ 樂器：直笛、串珠（珠球）。

❹ 火車圖片或模型。

❺ 呼拉圈數個、彩色筆數盒。

丟丟銅仔

台灣民謠

火車 行到依多 阿媽依多 丟 噯喲 磅空 來

磅空 的水依多 丟 丟 銅仔依多 阿媽依多 丟阿 依多

滴 落 來

筆記欄

單元 14

櫻花季

🐞 活動目標：

❶ 讓幼兒體驗不同國家的語言及文化特色。

❷ 增進幼兒學習他國童謠歌曲的機會。

❸ 複習四分音符【♩】與八分音符【♫】。

🐞 設計理念：

　　由於多元文化的介入與國際觀的拓展，在課程上安排不同國家的民謠，希望幼兒能體驗不同的民俗風情與音樂風格。「Sa-Ku-Ra」是一首非常典型的日本民謠，藉由此曲來介紹該國的一些特色與民風。

注意事項：本單元可依幼兒時間分 2 次來進行。

🐞 活動過程：

🔶·引起動機

❶ 從地球儀中找出日本和我們台灣的相關位置。

❷ 拿出有關日本特色的風景照片及相關祭典活動照片介紹給幼兒。

小班 娃娃小魔女

54

✏ · 活動一／創造性肢體律動——彩帶櫻花

❶ 拿出櫻花的圖片，讓幼兒知道櫻花即是 Sa-Ku-Ra。

❷ 老師利用肢體節奏做為頑固伴奏，教唱「Sa-Ku-Ra」這首日本民謠（見附錄）。

彩帶櫻花遊戲

❸ 待幼兒熟悉後，發給每個幼兒兩根彩帶，並隨著歌曲的節奏揮舞著彩帶（亦可帶入樂器合奏的活動）。

✏ · 活動二／音樂與藝術創作——櫻花季

美麗的櫻花

❶ 請幼兒將色紙撕成碎片裝在紙杯中，然後讓幼兒隨著音樂，做出灑碎紙花的動作（碎紙花代表櫻花）。

❷ 紙上作業（p. 24）：請幼兒將碎紙花排出一朵朵小櫻花，並將它黏在課本中的櫻花樹上。

貼心小叮嚀

請幼兒幫助老師一起收拾地上未用完的碎紙花，養成幼兒互助合作的好習慣。或是利用大壁報紙，請幼兒將地上的碎紙花黏在壁報紙上，共同創造出一棵大櫻花樹。

✏ · 結束活動

❶ 老師拿出阿里山、奧萬大或是九族文化村的櫻花季照片與幼兒分享，介紹

台灣的櫻花也是如此美麗。

❷ 紙上作業（p. 25）：為課本的櫻花與小火車的輪子畫上符幹。

🐞 延伸活動：

可準備日本的兒童戲劇 DVD 讓幼兒欣賞。

🐞 需要的教材教具：

❶ CD 音響。

❷ 音樂 CD：「小精靈音樂盒」，**Sa-Ku-Ra**，第 9 首。台南縣：奇美文化
公司。

❸ 與日本有關的一些圖片，如：服飾、祭典……等。

❹ 櫻花的圖片。

❺ 白色和粉紅色的色紙數張、小紙杯數個。

❻ 由皺紋紙做成的長彩帶。

小班 娃娃小魔女

附錄：歌曲

櫻花季

Sa-Ku-Ra

日本民謠
兒歌改編：吳幸如

g 小調

小 櫻 花　　小 櫻 花　　粉 紅 嫩 嫩

像 棉 花　　景 色 優 美　　像 幅　　畫

Sa　Ku　Ra　　Sa　Ku　Ra　拾 起 送 給 媽　媽

魔法 DIY～手搖鈴

🐞 **活動目標：**

❶ 透過簡易的歌曲活動增進幼兒大小肌肉的發展。
❷ 讓幼兒體驗自己動手做樂器的樂趣。
❸ 增進幼兒在團體中互動的機會。

🐞 **設計理念：**

讓幼兒知道樂器亦可以自己動手做，藉由製作過程增進專注力與自我效能感，並利用自製的手搖鈴搭配曲子來敲奏簡單的節拍，體驗自製樂器伴奏歌曲的樂趣。

注意事項：本單元可依幼兒時間分 2 次來進行。

🐞 **活動過程：**

📣 **引起動機**

帶領幼兒唱歌曲「小鈴鐺」（見附錄），搭配現成的樂器手搖鈴來伴奏。範例如下：

手搖鈴：【♩ ♫】。

魔法ＤＩＹ～手搖鈴

● 活動一／手搖鈴製作

❶ 材料：鈴鐺、毛根、吸管、剪刀。

❷ 製作克難樂器——手搖鈴（p. 26）
做法：拿出材料並逐一介紹其名稱，告訴
幼兒我們要用這些材料製作手搖鈴。
　a：老師發給幼兒鈴鐺（每人約 5 個鈴
　　　鐺）。
　b：老師幫忙將吸管剪開成數段（每段約
　　　2 公分長），如果幼兒能力夠，讓他
　　　自己動手做。
　c：請幼兒依照「鈴鐺、吸管、鈴鐺、吸
　　　管」的序列，用毛根串起來。

魔法 DIY

自製手搖鈴

❸ 老師協助幼兒將串好的鈴鐺綁好，形成一
個圈完成自製手搖鈴。

❹ 將自製手搖鈴掛於幼兒手上（課本 p. 27）。

● 活動二／兒歌伴奏——音響圖形

把兒歌寫成圖形譜，搭配自製樂器敲奏。範例（音響圖形）如下：

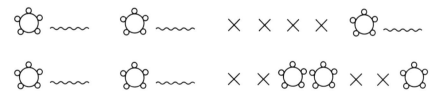

● 結束活動

讓幼兒分享彼此的自製樂器。

🐞 需要的教材教具：

❶ 樂器：手搖鈴數個。

❷ 自製樂器材料：鈴鐺、毛根、吸管、安全剪刀等數樣。

❸ 兒歌圖形大海報。

🐞 附錄：歌曲

小 鈴 鐺

詞曲：吳幸如

小鈴鐺 掛手上 轉呀 轉呀 真漂亮 小鈴鐺 掛手 上

陪 我 跳 舞 又 歡 唱 （即興敲奏）

筆記欄

單元 16　滑雪樂

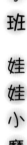

🐞 **活動目標：**

❶ 培養幼兒的肢體靈活度及反應能力。
❷ 提昇幼兒藝術創作的能力。
❸ 增進幼兒肢體動作的協調性與伸展度。

🐞 **設計理念：**

　　聽故事是幼兒最喜愛的活動，藉由下雪的故事去引導幼兒進入白雪靄靄的世界，配合背景音樂帶領幼兒創作「滑雪之舞」，引導幼兒製作「手套雪橇」，讓幼兒體驗模擬滑雪的樂趣。

🐞 **活動過程：**

　🔖 **引起動機**

❶ 問幼兒台灣是否會下雪呢？（如合歡山、大禹嶺……）

❷ 老師自編故事帶入主題，如：有一位小男孩期待下雪，因為這樣他就可以穿上雪帽、手套、雪衣、長靴，還可以堆雪人……等等。

滑雪樂

❸ 與幼兒一起分享或創作故事中的情境（在雪中的交通工具有哪些？娛樂活動是什麼？……等）（p. 28）。

● 活動一／藝術創作──手套雪橇

帶領幼兒一起創作「手套雪橇」。做法為：
a：發給幼兒每人一雙白色麻布手套（五金行可購得）。
b：發給彩色筆，請幼兒在白色麻布手套正面自由彩繪後即可完成。

手套雪橇（一）

● 活動二／創造性肢體律動

音樂律動（見所需教材）：請幼兒將自己所設計的手套雪橇套在腳上。
音樂曲式：
A 段出現時，老師帶領幼兒做運動前的暖身體操。
B 段音樂出現時，老師則引導幼兒自在地做出滑雪的動作。
A 段音樂再次出現時，所有的幼兒要滑回原點，繼續做暖身體操。
B 段音樂再出現時，所有的幼兒再做出滑雪的動作……。

手套雪橇（二）

貼心小叮嚀

老師可以錄影記錄有趣的過程，並與幼兒一起觀賞。

滑雪樂

▰· 活動三／器樂合奏

依照樂器的不同將幼兒分成兩組：a 組幼兒負責在 A 段音樂出來時敲擊樂器（響棒），b 組幼兒只在 B 段音樂出現時敲擊樂器（三角鐵），呈現器樂輪奏的形式。

▰· 結束活動

將幼兒所製作的手套雪橇張貼出來，大家一起分享彼此的創作。

🐞 需要的教材教具：

❶ CD 音響。

❷ 音樂CD：「兒童舞蹈嘉年華」（4415），*螃蟹波卡*，第 4 首。台北：上聿文化（02-28229228）。

❸ 白色麻布手套數組、彩色筆數盒。

❹ 兩種不同的樂器（數量依人數而定）。

❺ 錄影器材。

筆記欄

單元 17

月光雪橇

🐞 **活動目標：**

❶ 讓幼兒體驗模擬化之音樂情境的樂趣。
❷ 激發幼兒的想像力與創作力。
❸ 透過肢體律動增進幼兒動作的敏捷性與協調性。

🐞 **設計理念：**

　　在幼兒的音樂教育中，「聽」是最重要的能力之一。本單元利用「音樂欣賞」課程發展幼兒的想像力與體驗音樂情境模擬化的樂趣。透過聲音、圖片、律動的方式，增加幼兒肢體對音樂的感受與即興式的動作表現力。

　　注意事項：本堂課可依幼兒時間分 2～3 次來進行。

🐞 **活動過程：**

🔋·引起動機

　　老師先呈現課本上的情境圖片，與幼兒討論圖畫中的情景是什麼季節？這些人在做什麼？詢問幼兒有沒有看過滑雪情景？請幼兒出來示範滑雪的動作。

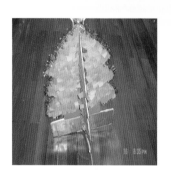

◖ 活動一／音樂引導想像

❶ 老師播放音樂「雪橇」（見所需教材）當背景，
   與幼兒一邊聽音樂，一邊討論課本上的圖畫情境
   （p. 29）。

❷ 詢問幼兒哪一段音樂像在滑雪？哪一段音樂像在
   駕駛雪橇……等。讓幼兒說出對音樂的感受與想
   像。

音樂引導想像

◖ 活動二／音樂情境模擬遊戲

❶ 與幼兒一起聆聽音樂「雪橇」（見所需教材）模
   擬情境。

❷ 老師請幼兒拿出上一堂課做好的手套當溜冰鞋套
   在腳上。

聖誕樹

❸ 將幼兒分成五組，呈現該組的樂器、道具、情境
   ……。
   a 組——雪花婆婆。
   b 組——雪橇、馴鹿、聖誕老人。
   c 組——敲奏手搖鈴或戴著自製手搖鈴。
   d 組——敲奏鐵琴。
   e 組——滑雪寶寶。

◖ 活動三／小小音樂劇

聖誕老人

❶ 雪花婆婆（a 組）拿著衛生紙撕著一片片的雪花製造氣氛。

❷ 音樂曲式 A 段出現時，飾演雪橇、馴鹿、聖誕老人（b 組）的幼兒則出來
   表演動作。拿手搖鈴的幼兒（c 組），搖動樂器來發出聲音。

❸ 音樂曲式 B 段出現時，幼兒（d組）以滑音的方式敲奏鐵琴，飾演滑雪寶寶的幼兒（e組）則出來表現滑雪的樣子……等。

❹ 老師拍照，記錄上課情形。

下雪了

🎙 活動四／藝術創作──我的小雪鞋

紙上作業（p. 30）：老師幫忙將課本中的「雪鞋」塗上膠水後，請幼兒一邊聆聽「雪橇」的音樂，一邊將地上的雪花（衛生紙）撿起來黏貼到「雪鞋」上。

雪花片片

🔊 貼心小叮嚀

　　請幼兒幫助老師一起收拾地上未用完的雪花，養成幼兒互助合作的好習慣。

🎙 結束活動

❶ 請幼兒與大家分享自己的創作。

❷ 老師將照片洗出，下一堂課發給幼兒貼於課本上（p. 31）。

🐞 延伸活動：

可以將多餘的雪花（衛生紙）做成小雪人卡片，並將幼兒的作品展示於公佈欄或用來佈置教室。

雪人

🐞 **需要的教材教具：**

❶ CD 音響。

❷ 音樂 CD：「大眾名曲 II 集」，*雪橇*，第 14 首。台北市：聯記唱片。

❸ 樂器：鐵琴和手搖鈴（數量依人數而定）。

❹ 自製手套溜冰鞋數個、圍巾、帽子……等。

❺ 抽取式衛生紙一盒、膠水。

❻ 照相器材。

單元 18

魔笛

🐞 **活動目標：**

❶ 藉由歌劇「魔笛」向幼兒介紹音樂神童——「莫札特」。

❷ 培養幼兒對偉人的認同感與正向態度。

❸ 提供幼兒欣賞音樂歌劇的機會。

🐞 **設計理念：**

　　聆聽古典音樂的世界裡，許多偉大的音樂作曲家寫出很多讓我們耳熟能詳的曲子，不論是在吃飯、遊戲、睡覺……都有適合的音樂可以提供給幼兒聆聽欣賞。因此本單元希望能透過樂曲的介紹與活動，讓幼兒認識音樂神童——「莫札特」。

🐞 **活動過程：**

📍·引起動機

❶ 老師戴著自製的中歐世紀宮廷假髮（或帽子），拿出歐洲宮廷宴會或城堡的圖片，引起幼兒的興趣。

❷ 音樂律動：播放莫札特《G 大調小夜曲》當背景音樂，發給幼兒絲巾，

帶領幼兒隨著小夜曲即興起舞。

介紹莫札特

✏· 活動一／音樂小神童——莫札特

介紹莫札特小時候的故事，及大家為何尊
稱他為音樂神童（請幼兒翻開看課本中的圖畫
p. 32～33）。

✏· 活動二／歌劇——魔笛

❶ 利用自製的紙偶棒講述歌劇——《魔笛》
的故事。

紙棒偶

　*《魔笛》故事簡介：敘述塔米諾王子在
　　打獵時迷了路，遇到了一條大蛇，夜
　　后的三個侍女救了王子，王子答應救
　　回夜后的女兒帕米娜，歷經千辛萬苦
　　在魔笛的幫助下終於成功。

❷ 老師引導幼兒聽出曲中鳥人出現的聲音（第一幕捕鳥人之歌）。

❸ 配合聲音引導幼兒做出鳥人飛翔的動作。

✏· 結束活動

口頭問答方式，讓幼兒複習「莫札特」的生平。

🐞 延伸活動：

❶ 除了介紹魔笛序曲之外，還可以介紹《魔笛》音樂劇另外的曲子（如夜后
　唱的歌曲……）。

❷ 介紹有關莫札特其他著名的曲子，例如：「土耳其進行曲」、「小星星變奏曲」與《歌劇：費加洛婚禮》……。

🐞 需要的教材教具：

❶ CD 音響。

❷ 音樂 CD：Die Zauberflöte（魔笛），Nr. 2　Arie: *Der Vogelfänger bin ich ja（papageno）我是快樂的捕鳥人（帕帕基諾）*，第 4 首。台北：寶麗金。

❸ 參考 CD ／書籍：
　①《進入作曲家的世界 3──莫札特》，*第一幕「我是快樂的捕鳥人」*，第 16 首。台北：台灣麥克。
　②《世界音樂童話繪本 1──魔笛》，*我是快樂的捕鳥人*，第 21 首。台北：台灣麥克。

❹ 自製宮廷紙假髮數頂。

❺ 小絲巾數條。

❻ 魔笛人物紙偶棒。

筆記欄

單元 19 歡樂過新年

🐞 活動目標：

❶ 培養幼兒對節奏的感受能力。
❷ 讓幼兒感受過年的氣氛與習俗，並能說出過年的吉祥話。
❸ 學習以卡農的形式來唸唱與創作肢體動作。

🐞 設計理念：

　　過新年是中國人的大節日之一。如何將音樂與過年節慶串聯在一起，讓幼兒的音樂活動充滿應景的年味，是本單元的重點。老師可以在課堂上利用圖卡分享、說吉祥話、唸童韻、敲擊樂器等方式來增加年節氣氛。

應景道具

🐞 活動過程：

✏ 引起動機

　　老師事先準備與過年相關的圖片與幼兒分享、討論，並且介紹過年的習俗與吉祥話。如：拿紅包、拜年、吃橘子代表大吉大利、吃魚代表年年有餘……（請幼兒翻看課本 p. 34～35）。

活動一／兒歌——「過新年」

辣齒

❶ 老師引導幼兒唱兒歌「過新年」（見附錄），並簡單的解釋兒歌內容。

❷ 音效創作：與幼兒一起創作，表現兒歌的動作與音效。（如：以樂器「辣齒」的聲響或灑下許多一元硬幣的方式表現劈哩啪啦的鞭炮聲。）

❸ 以輪唱的方式來帶領幼兒唱歌與拍節奏。

活動二／器樂合奏

以大鼓、中國鼓、銅鑼、小銅鈸敲奏歌曲中口白與節奏部分，表現歌曲的熱鬧氣氛。

快樂過新年

結束活動

❶ 老師與幼兒作問答對話，如：老師說：「橘子」，則幼兒要接「大吉大利」，老師說：「蘋果」，則幼兒要接「平平安安」……。

❷ 紙上作業（p. 34～35）：將課本中的水果及食品圖畫彩上顏色。

🐞 需要的教材教具：

❶ 橘子、蘋果、年糕、糖果……等，過年應景的物品。

❷ 樂器：辣齒、大鼓、中國鼓、銅鑼、小銅鈸……。

❸ 一元硬幣數個。

🐞 **附錄：歌曲**

過 新 年

詞曲：吳幸如

過 新 年 呀　戴 新 帽　領 紅 包 呀　放 鞭 炮（口白）快 來 看 呀 快 來 看

（樂器）　　　　　　　　　　　　　舞 獅 舞 龍　好 運　　到

小 班 娃 娃 小 魔 女

76

筆記欄

單元 20　霹靂龍和吉祥獅

🐞 **活動目標：**

❶ 引導幼兒發揮想像與創意製作獅頭面具。
❷ 利用舞獅遊戲提昇肢體動作的協調性。
❸ 增進幼兒互助合作的精神。

🐞 **設計理念：**

　　延續上一堂課的活動，結合音樂律動與藝術創作，讓幼兒發揮創意與想像，一起製作舞獅面具，並藉由舞獅的裝扮遊戲展現肢體，感受年節的熱鬧與氣氛。

🐞 **活動過程：**

✏ **引起動機**

　　老師將事先蒐集的舞龍舞獅圖卡或影帶，讓幼兒看看中國人過年的一些祈福活動，包括祭拜祖先、放鞭炮、迎財神、舞龍舞獅……等活動。

舞獅

活動一／藝術創作——製作舞獅之面具

❶ 讓幼兒欣賞各式各樣的吉祥龍及獅的造型。

❷ 請幼兒先將課本中「獅頭」（p. 41）的設計圖畫上顏色並取下來，兩邊各穿上橡皮圈。

❸ 發給幼兒皺紋紙，請幼兒剪成獅子鬃毛狀，黏貼於獅頭周圍。

活動二／創造性肢體律動——舞獅

❶ 將做好的面具掛於幼兒臉上，兩人一組，請幼兒利用大彩色絲巾一起來裝扮造型扮演獅子。

道具

❷ 播放年節敲鑼打鼓的歡樂歌曲，讓幼兒自由舞動身體。

❸ 老師拍照記錄上課情形（將幼兒在舞龍舞獅的情景拍下），將照片貼在課本上做為學習的紀錄（p. 36）。

舞獅（一）

貼心小叮嚀

　　老師可以請一位幼兒拿著扇子當小頑童，與獅子一起舞動、玩耍。或添加一些佈景、道具、音樂豐富內容，成為表演性的題材。

舞獅（二）

結束活動

將幼兒的「獅頭」面具作品張貼出來，與大家分享。

自製獅頭面具

需要的教材教具：

❶ CD 音響。

❷ 音樂 CD：準備應景的過年節慶曲。

❸ 蠟筆數盒、安全剪刀數把、橡皮圈數條、彩色皺紋紙數張、膠水……等，
提供幼兒製作獅子頭。

❹ 彩色大絲巾數條。

❺ 照相機。

奇幻遊樂園

單元1

飛機衝上雲霄

🐞 活動目標：

❶ 利用人聲與肢體創作，提昇幼兒身體動作的協調性。

❷ 感受聲音的高、低與漸強、漸弱。

❸ 透過指揮活動培養幼兒的專注能力。

🐞 設計理念：

藉由圖片及飛機遊戲，讓幼兒從活動中獲得對聲音高、低與漸強、漸弱的感受能力，並從聽音辨識及記憶遊戲中展現幼兒肢體、人聲創作的即興能力。

🐞 活動過程：

✏・引起動機

❶ 老師摺一架紙飛機，讓幼兒看看紙飛機飛的樣子。

❷ 老師射紙飛機，幼兒用手跟隨著紙飛機的起降做動作。

❸ 當飛機被射出去的時候，請幼兒用人聲「咻」的聲音和肢體的方式表現出

中班 奇幻遊樂園

漸強、漸弱的感覺（＜　　　　＞）。

◗· 活動一／人聲／肢體即興遊戲

❶ 老師選擇兩個可以區分出高、低音的樂器。（三角鐵、大鼓）

肢體遊戲（一）

❷ 讓幼兒聽聽這兩種樂器所發出來的聲音，比較它們發出聲音高、低的不同。

❸ 讓幼兒想一想，聽到高音時，身體可以做什麼樣的動作？當聽到低音時，可以變成什麼姿勢？

肢體遊戲（二）

❹ 老師敲三角鐵（代表高音）與大鼓（代表低音），讓幼兒用身體表現出對高低音的感受。

❺ 老師除了敲打高、低音不同的聲音之外，可以再加入強弱的聲音。引導幼兒增加肢體動作的表現。

◗· 活動二／器樂敲擊遊戲（漸強與漸弱）

❶ 幼兒各拿不同的樂器，圍一個圈坐下來。

❷ 老師蹲在圈中間，當指揮者。當指揮者站起來時，幼兒就開始敲打手上的樂器。指揮者站越高，幼兒就敲的越大聲；指揮者如果慢慢的蹲下來，樂器聲音就要漸漸小聲。

❸ 指揮者可以在圈圈內移動，當指揮者越來越靠近時，幼兒要敲出越來越大的聲音。反之，幼兒則敲出越來越小的聲音，以此類推。

❹ 請一位幼兒到圈內體驗當指揮的樂趣。

貼心小叮嚀

♪ 老師慢慢走向每一位拿樂器的幼兒，被輕輕摸到頭的幼兒就將樂器放回櫃子裡。

♪ 還沒被老師摸到頭的幼兒，繼續隨著指揮者的移動，敲打樂器，直到全部的幼兒都將樂器收回櫃子為止。

▶ 結束活動

紙上作業（p. 4）──請幼兒在課本上畫出漸強與漸弱的符號。

🐞 延伸活動：

❶ 聲音記憶：老師可以在幼兒能分辨聲音高低之後，拿出任兩項樂器，然後依序敲出各種不同的組合，幼兒須依序創作出不同的動作姿態。例如：老師敲出「木魚」→「碰鐘」→「木魚」，幼兒可以踏腳→摸頭→踏腳，或幼兒蹲下→站起→蹲下……。老師換敲「碰鐘」→「碰鐘」→「木魚」，幼兒可以依樂器順序再做出不同的動作。

❷ 肢體造型遊戲：將幼兒分組後（一組 3 人），請幼兒聽辨樂器聲音高、低後，每人依序排出肢體高、低造型的組合（老師可以指導示範）。

圖示：

🐞 需要的教材教具：

❶ 紙飛機一架。

❷ 樂器：三角鐵、大鼓、木魚、碰鐘、手鼓、手搖鈴、手響板、沙鈴、三角
　鐵、木魚……等，數量依人數而定。

單元2　旋轉木馬

🐞 **活動目標：**

❶ 藉由音樂遊戲讓幼兒感受高音、中音、低音。
❷ 以肢體的伸張、收縮、扭轉來表現漸強與漸弱的感覺。
❸ 增進幼兒身體的平衡感與協調性。

🐞 **設計理念：**

　　藉由樂器的敲擊，讓幼兒間接感受無調類的打擊樂器，其聲音也有高、中、低音的差別。鼓勵幼兒發揮創意，運用肢體的伸展來表現高、中、低水平姿態，增進幼兒肢體的平衡感與協調性。

本單元課程可以配合幼兒的時間，分成 1～2 次來進行。

🐞 **活動過程：**

　　複習上一單元課程：讓幼兒模仿飛機忽高忽低的飛行模樣，並且加入人聲（口技）來配合肢體的動作。

· 引起動機

❶ 老師請幼兒以自然的姿態平躺在地板上，取出鈴鼓敲擊，讓幼兒聽聲音的漸強或漸弱來開展合攏雙腳，或是慢慢伸展、擴張身體；扭轉、收縮身體。

肢體模仿遊戲（一）

❷ 老師敲大鼓，幼兒就變成鱷魚在地上爬行；老師敲三角鐵時，幼兒就變成小鳥踮著腳尖在飛；當老師敲木魚時，幼兒就變成了原來的自己在走路。

肢體模仿遊戲（二）

· 活動一／肢體模仿遊戲——高、中、低水平姿勢

❶ 老師以遊樂園的旋轉木馬來引起話題，並請幼兒模仿旋轉木馬的樣子。

❷ 請幼兒排成旋轉木馬的圓形隊形，並以三種樂器代表聲音的高、中、低。如：老師敲大鼓時，幼兒就慢慢蹲低身體（低水平姿勢）；當老師敲三角鐵時，幼兒就慢慢將身體往上升（高水平姿勢）；當老

肢體模仿遊戲（三）

師敲木魚時，幼兒就慢慢將身體恢復正常的高度（中水平姿勢）。

❸ 老師可以選擇旋律柔和的樂曲當背景音樂（見所需教材）。

· 活動二／肢體創作遊戲——旋轉木馬

❶ 老師用有色膠帶在地上貼出一個大圈圈，然後請幼兒戴上馬的頭套、拿著事先準備好的小掃把（或報紙捲成的紙棒），站在圈圈的線上（老師須注意每位幼兒之間有一個相等的距離）。

❷ 老師敲大鼓時（配合背景音樂），幼兒就慢慢蹲低身體沿著地上圈圈的線條前進；當老師敲木魚時，幼兒就慢慢將身體往上恢復正常的高度前進；當老師敲三角鐵時，幼兒就慢慢再將身體升到最高處前進。以此方式不依序地出現樂器聲音讓幼兒聽聲音做動作，宛如旋轉木馬一般。

❸ 旋轉木馬的遊戲亦可改為旋轉小熊、小狗……等不同的動物，運用不同的動作來表現。

✏ 活動三／聽音遊戲——木馬貼紙

（一）紙上作業（p.5）：「木馬貼紙」

❶ 請翻開課本上旋轉木馬紙上作業（p.5），並準備好木馬貼紙（附於課本上 p.39）。

❷ 當老師敲三角鐵時，幼兒將木馬貼紙貼在旋轉木馬的「上方位置」；當老師敲木魚時，幼兒將木馬貼紙貼在旋轉木馬的「中間位置」；當老師敲大鼓時，幼兒將木馬貼紙貼在旋轉木馬的「下方位置」。

（二）紙上作業（p.6）：「音色與節奏聽辨」

❶ 請翻開課本旋轉木馬紙上作業（p.6），並準備好色筆與樂器（高音——三角鐵；中音——木魚；低音——大鼓）。

❷ 當老師敲高音樂器（三角鐵）節奏時（如：【♩】），幼兒便在三角鐵那一行畫 1 點，老師必須注意節奏與幼兒所畫上的點數距離。

❸ 當老師敲中音樂器（木魚）節奏時（如：【♩♩♩♩】），幼兒在木魚那一行畫 4 點。

❹ 當老師敲低音樂器（大鼓）節奏時（如：【♩♩】），幼兒在大鼓那一行畫 2 點。

❺ 點完後,請幼兒將這些點連起來。其範例如下:

◖▮・結束活動

請幼兒哼出或是用肢體動作做出自己所畫的旋律。

🐞 延伸活動:

◖▮・高低音圖形

老師以木笛頭吹高低的聲音,幼兒隨著老師的旋律在紙上畫出高高低低的圖形;如:

🐞 需要的教材教具:

❶ CD 音響。

❷ 建議背景音樂CD:「陶笛奇遇記」,**旋轉木馬**,第 9 首。台北:風潮唱片。

❸ 樂器:三角鐵、木魚、大鼓、木笛頭。

❹ 小掃把、木馬頭套、色筆、有顏色的細膠帶。

單元 3　清晨

🐞 活動目標：

❶ 培養幼兒音樂欣賞的能力。
❷ 藉由律動增進幼兒對音樂旋律的感受性與肢體平衡感。
❸ 提昇幼兒對藝術創作及口語表達的能力。

🐞 設計理念：

　　讓幼兒經由「聽覺」的感受進入「視覺」影像化。引導幼兒聆聽「清晨」這首曲子。藉由故事引導，鼓勵他們運用肢體來表現音樂旋律的美感，並讓幼兒共同創作音樂繪畫，鼓勵他們以口語來表達自己的作品內涵，與他人分享自己的創作。

🐞 活動過程：

🔊·引起動機

　　呈現清晨的圖片與幼兒分享，討論什麼人或是何種動物、植物會在清晨的時候出現（p.7～8）（老師在說故事的同時，也可以一邊播放「清晨」的樂曲當成背景音樂）？

▄ ‧ 活動一／創造性肢體律動

❶ 指導幼兒製作平衡鳥（將色紙折成長條
狀，中間突起 ——∧——），將凸起部
分利用手掌中指撐著，像一隻平衡鳥。

❷ 老師放著「清晨」的音樂，讓幼兒坐著，
將平衡鳥放在手上，然後舉起手上的小
鳥，隨著音樂來表現旋律的高低起伏。

肢體律動

❸ 給每人兩條絲巾代表翅膀，請幼兒站著想
像自己是一隻鳥，隨著音樂旋律的高低起
伏舞動絲巾。

我是一隻鳥

▄ ‧ 活動二／音樂與藝術創作──音樂繪畫

❶ 老師依幼兒人數分組，約 5～6 人為一組，分別為每組準備一張大張的壁
報紙，以及彩筆。

❷ 播放「清晨」的音樂，讓幼兒們將聆聽音樂的感受畫出來，並邀請幼兒一
起分享所創作的圖畫。

▄ ‧ 結束活動

❶ 將自己所做的平衡鳥拿出來放在手上，隨著音樂擺動身體，看看誰的平衡
鳥最厲害不會掉下來。

❷ 紙上作業（p. 7）──請幼兒為早起的小蟲子塗上顏色。

需要的教材教具：

❶ CD 音響。

❷ 音樂 CD：「大眾名曲 II」，*清晨*，第 1 首。台北：聯記唱片公司。

❸ 不同顏色彩色紙數張。

❹ 蠟筆數盒。

❺ 大張壁報紙數張。

中班 奇幻遊樂園

筆記欄

單元 4

外星人

🐞 活動目標：

❶ 透過活動讓幼兒了解敲奏樂器音色的寬廣與變化。
❷ 提昇幼兒的創造力及想像能力。
❸ 增進幼兒大小肌肉的協調。
❹ 提昇幼兒互助合作的精神。

🐞 設計理念：

　　運用各種生活中常見的物品，如：豆子、鈕釦、石頭、繩子、毛根……等，讓幼兒排出圖形，找一種適合的樂器敲出所代表的聲音，並利用肢體來展現出圖形的形狀。透過活動讓幼兒了解敲奏樂器音色的寬廣與不同的演奏方式，培養幼兒對圖形、線條、空間的創造力及配器（敲奏樂器）的想像能力。

　　注意事項：本單元課程可以配合幼兒的時間，分成 2～3 次來進行。

🐞 活動過程：

🔋 引起動機

　　老師以圖片或故事書與幼兒探討外太空的情境（太空人、火箭、月球、外星人……等等）。

外星人

活動一／肢體創作遊戲——外星人的腳印

❶ 請幼兒模擬外星人的樣子，創造出外星人走路的方式。

❷ 老師可以利用樂器敲奏的音響，來引導幼兒擴展其想像的空間（如聽到三角鐵的聲音時，可在地板滑行或飛行……）。

❸ 老師將幼兒滑行和跳躍的腳步畫下來。（如：～～～）

❹ 與幼兒討論還有沒有其他不同的外星人走路的方式。

活動二／聲音與圖形創作

❶ 老師準備 7～10 種不同的材料，如：豆子、鈕釦、大石頭、小石頭、毛根、繩子、五子棋、吸管、細布條數條……，並介紹其名稱。

道具

❷ 請幼兒選一種自己喜歡的材料，於地板排出圖形，創造出外星人走路的腳印。
例如：

　　亮片　　　　石頭　　　　毛根　　　　繩子

圖形創作（一）

圖形創作（二）

❸ 請幼兒選擇一種適合的敲奏樂器，為自己剛剛所排出的圖形配出適合的音效。

❹ 老師利用走動的方式指揮，當老師走到幼兒面前時，幼兒必須敲奏出自己排出圖形的聲音。

貼心小叮嚀

老師提醒幼兒，勿將一些小材料（如：鈕扣、豆子、石頭）放入嘴中或遺留在地板上，以免發生小意外。

活動三／即興配器遊戲

❶ 老師拿出已做好的圖形卡，參考圖式如下：

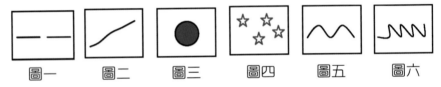

圖一　　　圖二　　　圖三　　　圖四　　　圖五　　　圖六

❷ 配合樂器敲奏，發出適合卡片的音效，例如：圖六就可以用手指摩搓在手鼓的表面；圖三則可以拿棒槌敲大鼓一聲；圖二則可以敲鐵琴上行音……等，讓幼兒試試看。

結束活動

紙上作業（p. 9～10）——老師以四種不同樂器分別敲奏出音響，請幼兒為課本中的外星人畫上腳印。

外星人

🐞 延伸活動：

　　提供一張空白壁報紙，讓幼兒自行創作出圖形，再用肢體和樂器表現出來。

音響圖形

範例：

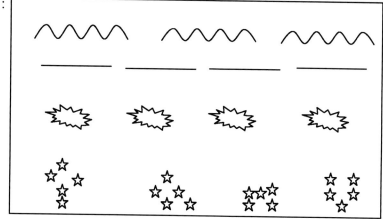

圖七

🐞 需要的教材教具：

❶ 日常物品：豆子、鈕釦、石頭、毛根、繩子……。

❷ 樂器：三角鐵、響棒、沙鈴、手鼓、鼓、手響板、鈴鼓、碰鐘、木魚……
　　等節奏樂器。

❸ 空白紙張、壁報紙數張。

❹ 蠟筆數盒。

會說話的樂器

🐞 活動目標:

❶ 從活動中培養幼兒對節奏的敏銳度。
❷ 提昇幼兒對圖形的創造能力。
❸ 透過樂器聲音的聽辨培養幼兒的專注力。

🐞 設計理念:

　　延續上一單元的活動,藉由不同的樂器所發出的聲音,讓幼兒具體的聽辨各種聲音的長短,並能運用想像力,利用圖繪方式來創造聲音的圖形。

🐞 活動過程:

▭·引起動機

　　將所用過的三角鐵、響棒、鈴鼓、手鼓等樂器拿出來,再加入沙鈴及震盪器等樂器,逐一敲出聲音讓幼兒聽聽這些樂器音色的差異性。

這是什麼聲音？

聲音聽辨

活動一／聽音辨向

❶ 請幼兒圍成一個圈，老師將這六種樂器分給六個人，另請一位幼兒矇著雙眼站在圈圈的中間，老師偷偷指定一位幼兒敲著自己手上的樂器，然後請矇著眼睛的幼兒聽聲音，辨識出樂器的聲音，用手指出樂器的「方向」並說出其名稱。

❷ 更換樂器的方位與中間的矇眼幼兒，再進行活動，讓其他幼兒能輪流體驗活動的樂趣。

活動二／音響圖形與人聲模仿

❶ 老師將剛剛的六種樂器排列在地上，逐一地將樂器敲擊一次，並與幼兒討論這些聲音的形狀。

❷ 老師反覆地敲擊樂器使其發出聲音，讓幼兒去感受音色，鼓勵幼兒將聲音線條描畫在紙上（每人一張圖畫紙和一支彩色筆）。

❸ 老師拿出樂器的音響圖形海報（如下），讓幼兒猜猜看這是哪一種樂器發出聲音的形狀？幼兒亦可以利用人聲來模仿出音效。

三角鐵：
響　棒：
鈴　鼓：
手　鼓：
沙　鈴：
震盪器：

結束活動

紙上作業（p. 11）──連連看：老師敲奏樂器，請幼兒將樂器及其音響圖形連結。

需要的教材教具：

❶ 樂器：三角鐵、響棒、鈴鼓、手鼓、沙鈴、震盪器。

❷ 眼罩。

❸ 蠟筆數盒。

❹ 音響圖形海報。

筆記欄

單元6

咕咕鳥合唱團

🐞 **活動目標：**

❶ 利用肢體與人聲創作的遊戲帶入二分音符【♩】的概念。
❷ 培養幼兒行進與停止的身體控制能力。
❸ 啟發幼兒想像力及創造能力。
❹ 從活動中增進幼兒的人際互動。

🐞 **設計理念：**

「身體和聲音」是最佳的音樂材料，透過一連串肢體／人聲的活動讓幼兒盡情地與自己的身體對話，使之更進一步了解自己。過程中利用說白節奏帶入二分音符【♩】的概念，並讓幼兒體驗卡農的曲式型態。

🐞 **活動過程：**

✏ **引起動機**

老師拍手鼓，幼兒依聲音的快或慢來展現跑或走的肢體動作。當鼓聲停止了，請幼兒原地靜止不動，並且同時創作一個動作，如：小狗、小貓、小鳥……的姿勢，等到鼓聲響起時，再依鼓聲的快或慢來行動。

活動一／肢體創作遊戲

我是一隻咕咕鳥

❶ 老師拍打肢體不同部位（如手、頭、肩膀、踏腳……），幼兒跟著節奏拍手或是踏腳。

❷ 與幼兒共同討論：身體上還有哪些地方可以發出聲音，如：嘴、拍腿、拍胸……等。

❸ 老師告訴幼兒有一隻「咕咕鳥」報時、唱歌的時候，常會做一些不同的動作來表示牠的聰明……，請幼兒創造咕咕鳥報時的動作。

❹ 幼兒從課本（p. 41）中拆下咕咕鳥，老師綁上彩色絲帶，幫幼兒戴上咕咕鳥的項鍊。

❺ 老師敲手鼓【♩〜〜〜♩♩】，幼兒依鼓聲自創咕咕鳥動作，在教室中走動一邊發出聲音：【咕〜〜〜咕咕】。當鼓聲停止則靜止動作與聲音。

活動二／童韻──咕咕鳥（說白節奏、卡農、肢體、人聲）

❶ 老師引導幼兒拍：【♩】固定拍，唸「咕咕鳥」童韻（見附錄）。

❷ 待幼兒熟悉後，將其分成兩組，以卡農的方式唸童韻。

❸ 最後加入肢體及人聲伴奏，並以卡農的方式來唸童韻（依幼兒能力斟酌加入）。其範例如下：

　　肢體節奏：【♩（拍手）♫（左右手分別拍擊大腿）♩（同前）♫（同前）】
　　人聲：【♩（咕）〜〜〜♩♩（咕咕）】

結束活動

將咕咕鳥的項鍊戴起來，並加上「肢體節奏」來伴奏兒歌。

🐞 延伸活動：

加入三角鐵、響棒、鈴鼓等樂器，配合說白節奏來表現「咕咕鳥」這首兒歌。範例如下：

a. 三角鐵：【 ♩　　♩　　　】
b. 響　棒：【 ♩ ♫ ♫ ♫】
c. 鈴　鼓：【 ♩ ♩ ♩〰〰〰】

🐞 需要的教材教具：

❶ 樂器：手鼓。

❷ 課本中的咕咕鳥圖片。

❸ 彩色絲帶數條。

❹ 樂器合奏：三角鐵、響棒、鈴鼓等數量依人數而定。

咕 咕 鳥

童韻：吳幸如

$\frac{4}{4}$

咕 咕 鳥　　愛 唱 歌〜

唱 起 歌 來　咕 咕 咕〜

咕〜咕 咕　　咕〜咕 咕

長 音 短 音　真 好 聽〜

咕咕鳥合唱團

單元 7

老火車大遊行

🐞 **活動目標：**

❶ 二分音符【♩】的介紹。

❷ 三線二間與 A（La）音的概念。

❸ 運用說白節奏加入人聲與肢體即興的創作。

❹ 增進幼兒和同儕間的互動。

❺ 增進幼兒的節奏能力及創造能力。

🐞 **設計理念：**

　　透過「老火車」歌曲與「線、間遊戲」的方式，讓幼兒熟悉兒歌，認識二分音符【♩】。同時複習 G 音與 E 音，並帶入 A（La）的音高概念，做為下一單元 A（La）音位置的預備。

🐞 **活動過程：**

👄・引起動機

❶ 故事引導：「有一部很老的火車，因為它老得開不動了，主人為了要感謝它多年來的辛苦，決定讓老火車在退休前風風光光得開最後一次。於是主

人邀請了許多的小朋友來幫它打扮。終於，這一部老火車非常滿意，它開心的唱著【ㄑ恰ㄑ恰嗚－－】的歌聲，快樂地出發了。」

❷ 邀請幼兒跟著發出火車的聲音ㄑ恰ㄑ恰嗚－－嗚－【♫♫♩〰】。

✏ 活動一／開火車遊戲──【♩】音符

老師輕敲鈴鼓邊緣【♫♫♫♫】，請幼兒一邊開火車、一邊發出「ㄑ恰ㄑ恰」的聲音。當老師重拍【＞】鈴鼓時，則幼兒兩人一組，互碰屁股，並同時發出嗚－－【♩】的聲音，手做拉鳴笛器的姿態，進行開火車的遊戲。

✏ 活動二／歌曲──老火車（三線二間概念）

火車要開了

❶ 老師與幼兒一起利用童軍繩排出三條平行線。

❷ 老師與幼兒一起唱「老火車」歌（見附錄及課本 p. 15），行走於兩間之間。

線間概念

❸ 幼兒排成一列火車，依序行走於兩間之間，老師用鈴鼓敲擊並引導幼兒走出【♫♫♩〰】節奏（提示幼兒注意不要踩到線）。

❹ 介紹線與間的不同，將幼兒分成兩列火車，第一列火車走在第一間，第二列火車走在第二間，並加入肢體【♫♫】（兩手臂學開火車狀）和人聲【♩〰（嗚）】來伴奏。

老火車遊行

＊一列火車唱歌曲，另一列火車以人聲伴奏並配合節奏走路。

◖‧ 活動二／Ａ音的概念

❶ 請幼兒走在第二間的位置，告知這是「Ａ火車」的家，開車時會發出【♫♫（ㄑ恰ㄑ恰）♩〰（La）】的聲音，同時教導幼兒比出Ａ音的手勢符號（ ✍ ）。

❷ 告知幼兒【♩】為二分音符，唸「Ta－a」時值為兩拍，與火車的鳴笛聲音一樣，並教導其寫法。

❸ 紙上作業一（p. 14）：請幼兒翻開課本，畫上【♩】分音符。

◖‧ 結束活動

❶ 老師再次複習Ｇ音和Ｅ音的位置，並告訴幼兒今天教導Ａ音的正確位置。

❷ 紙上作業二（p. 16）：於課本中的作業上找出Ａ音，並塗上顏色。

🐞 延伸活動：

加入樂器進行合奏練習。

🐞 需要的教材教具：

❶ 直笛／笛鳴器（模仿汽笛聲嗚──【♩】）。

❷ 童軍繩三條。

❸ 樂器：鈴鼓。

❹ 合奏所需的樂器數種。

附錄：歌曲

老火車

詞曲：吳幸如

(台語)老火車 老火車 身上穿著 水新裳

老火車 老火車 開在鐵枝 真開活

單元 8　棒棒糖之歌

🐞 活動目標：

❶ 藉由樂器敲奏促進幼兒大肌肉動作的協調能力。

❷ 能正確地標出 G（Sol）、E（Mi）、A（La）音的位置。

❸ 教導幼兒鐘琴棒子的拿法。

❹ 能利用鐘琴敲出歌曲的頑固伴奏。

🐞 設計理念：

　　複習 Sol、Mi、La 的位置及音高，並學習高大宜 Sol、Mi、La 音高的手勢符號與鐘琴棒的拿法，引導幼兒利用鐘琴敲奏出歌曲的頑固伴奏。

🐞 活動過程：

· 引起動機

❶ 老師與幼兒再唱一次「老火車」的歌曲，並複習上一堂 Sol、Mi、La 的音及其位置。

❷ 老師將幼兒分成兩組：a 組以人聲伴奏的方式來表現（同前一單元），b

組唱歌曲。

🎵· 活動一／高大宜手勢符號

【Sol、Mi、La 的手勢符號】

❶ 老師示範手勢，幼兒跟著做。

　　a. Sol【G 音】──右手放在胸前【如圖示  】，唱 Sol Sol Sol Sol
　　Sol Sol【♫ ♫ ♩ ♩ 】。

　　b. Mi【E 音】──右手放比 G 音低，手掌與胸平行【如圖示 】，
　　唱 Mi Mi Mi Mi Mi Mi【♫ ♫ ♩ ♩ 】。

　　c. La【A 音】──手腕向下【如圖示 】，唱 La La La La La La
　　【♫ ♫ ♩♩ 】。

❷ 老師比出 Sol、Mi、La 的手勢，讓幼兒唱出（須注意幼兒的音高）。

❸ 請一幼兒比手勢，其他人唱出 Sol、Mi 或 La。

❹ 請一幼兒在三條童軍繩上站出 Sol、Mi 或 La 的位置，其他幼兒則依他所
站的位置唱出該音，並比出音高手勢。

🎵· 活動二／鐘琴握棒練習

❶ 老師示範拿棒子的方法：

　　a. 將兩根棒子分別拿在兩手之中，請幼
　　兒將它們像爸爸的鬍子一樣擺在嘴上
　　方，呈現八字形【 】。

　　b. 將棒子往前拿同樣呈八字型，然後兩
　　手像毛毛蟲一樣，慢慢地往上爬到棒
　　子的前端，再慢慢地往下爬到棒子的
　　末端，如此反覆數次讓幼兒手腕能放

握棒練習

鬆握棒。

c. 將雙手手臂朝上方，兩手握棒成八字形手腕放鬆，熟悉拿法。

雙手握棒練習

■・活動三／鐘琴合奏練習——頑固伴奏

❶ 老師請幼兒將鐘琴上的 Sol、Mi 鍵留下，將其他的鍵移除，讓幼兒練習敲敲看鐘琴上 Sol、Mi 的音及位置。

❷ 讓幼兒在鐘琴上左、右手敲出單音【E（Mi）G（Sol）】頑固伴奏（OSTIN-ATO），並一邊唱出歌曲。

樂器敲奏

❸ 待幼兒熟悉後加入 A 音，左、右手交替【E（Mi）左 G（Sol）右 E（Mi）左 A（La）右】敲出頑固伴奏 OSTIN-ATO。

❹ 可將幼兒分成兩組：a 組敲鐘琴的頑固伴奏、b 組敲擊無調類的樂器來合奏。

■・結束活動

紙上作業（p. 17）——在課本鐘琴的 G（Sol 音）、E（Mi 音）、A（La 音）琴鍵塗上顏色。

樂器

 延伸活動：

老師與幼兒一同唱出「老火車」歌（前一單元之附錄），並加上高大宜的手勢符號。

需要的教材教具：

❶ 鐘琴數組。

❷ 童軍繩三條。

❸ 合奏用的樂器。

單元 9

雲霄飛車

🐞 **活動目標：**

❶ 利用遊戲讓幼兒學習節奏組合的能力。

❷ 提供幼兒快樂學習的音樂情境。

❸ 提昇幼兒大肢體動作能力與創造力。

❹ 從活動中帶入四分休止符【𝄽】概念。

🐞 **設計理念：**

　　透過台語兒歌「天頂的火車」，帶入四分休止符【𝄽】概念。同時讓幼兒經由歌詞的唱頌熟悉台語，並透過肢體律動模仿出雲霄飛車上、下坡時與急速飛奔的情景。

🐞 **活動過程：**

✏ · 引起動機

　　拿出雲霄飛車的圖片或照片與幼兒分享，並討論坐雲霄飛車時的情境，及模仿坐雲霄飛車時的表情。

雲霄飛車

■ · 活動一／肢體創作遊戲

老師利用音樂（見所需教材），帶領幼兒模擬坐雲霄飛車的情境。當每段音樂的後半段出現不同音效時，可以利用肢體表現出雲霄飛車上下坡時爬坡、震動、搖晃的情景。

肢體創作遊戲（一）

■ · 活動二／歌曲──天頂的火車（ᘔ概念）

❶ 老師在地上排三條平行的童軍繩，然後帶領幼兒配合語言節奏，來行進走、停的動作【♫（走走）ᘔ（停）♫（走走）ᘔ（停）】。

❷ 老師敲奏串珠沙鈴【♫（左右搖動）ᘔ（停）♫（左右搖動）ᘔ（停）】做為頑固伴奏，請幼兒一邊唱歌（見附錄及課本 p. 19），同時走出肢體頑固伴奏。

肢體創作遊戲（二）

❸ 老師可以依幼兒能力進行數次，或是請幼兒以雙手拍出頑固伴奏：
【♫（拍手）ᘔ（停）♫（左右搖動）ᘔ（停）】。

■ · 活動三／十六宮格──節奏遊戲

❶ 利用圓形磁鐵、十六宮格海報來進行節奏練習。範例如下：

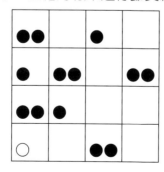

a. ●●──【♫】　b. ●──【♩】　c. ○──【♩】佔兩個空間

d. 空格——【𝄽】

❷ 一個空格為【♩】的時值。

❸ 當幼兒熟悉之後，運用樂器或是人聲方式將所排列出的節奏表現出來。

貼心小叮嚀

老師引導時先以【♫】【♩】為主，再加入【♪】【𝄽】。

▰▰▰ 結束活動

紙上作業——請幼兒翻開課本（p. 18），找出四分休止符，並沿著虛線練習描繪出四分休止符。

🐞 **延伸活動：**

以肢體或人聲的方式即興創作頑固伴奏。

🐞 **需要的教材教具：**

❶ 雲霄飛車的圖片或照片。

❷ CD 音響。

❸ 音樂 CD：「激盪音感力」（U310009），***Balancoires***，第 10 首。台北：上揚。

❹ 樂器：串珠沙鈴。

❺ 童軍繩。

❻ 十六宮格大海報與圓形磁鐵。

🐞 附錄：歌曲

天頂的火車

詞曲：吳幸如

（台語）天 頂 仔 火 車 爬 高 高 爬 起 天 頂

亂 亂 轉 轉 來 轉 去 轉 來 轉 去

轉 角 頭 殼 暈 暈 暈

機器狗哆啦哆啦

🐞 **活動目標：**

❶ 增加幼兒聽音及辨認節拍的能力。
❷ 運用節奏卡與十六宮格遊戲創作出節奏。
❷ 複習四分休止符【𝄽】。
❹ 增進幼兒大肢體動作的協調性與創作能力。

🐞 **設計理念：**

　　運用「指令遊戲」帶領幼兒進行肢體模仿的活動，增進大肢體動作的協調性與創作能力。並複習教過的節奏，教導幼兒來即興創作說白節奏。

🐞 **活動過程：**

🔈·引起動機

　　準備「哆啦Ａ夢」與自製的「哆啦哆啦」狗狗的圖卡，與幼兒聊聊「哆啦 Ａ 夢」的卡通內容，並告知哆啦 Ａ 夢有一隻狗狗好朋友名字叫「哆啦哆啦」，非常喜歡喝可樂、吃薯條、唱

動物圖卡

歌、變魔術、吃紅豆餅……由於它是一隻機器狗，所以走起路來像機器人一般，且會發出「哆啦哆啦」的聲音……（見課本 p. 20～21 中的圖畫）。

肢體創作遊戲（一）

活動一／肢體創作遊戲

老師敲擊鈴鼓，請幼兒自創「哆啦哆啦」走路方式。鈴鼓聲停，幼兒做一個姿態，等鈴鼓聲再次響起，幼兒利用暫停時的姿勢前進【如，鈴鼓聲停時，幼兒做了一個姿勢（蹲姿），則他要在下一個鈴鼓聲中一直用相同的方式（蹲姿）前進。】。

肢體創作遊戲（二）

活動二／創造性肢體律動

請幼兒變成一隻「哆啦哆啦」機器狗，隨著播放音樂（見所需教材）快、慢節奏走動。當樂曲進入另一段較慢的節奏時，請幼兒注意聆聽並改變肢體動作的速度。

活動三／節奏排卡

❶ 複習十六宮格節奏遊戲，請幼兒到白板前方創作排卡（老師須注意二分音符的長度佔據兩個格子）。

❷ 老師詢問幼兒「哆啦哆啦」最喜歡的東西有哪些？幼兒回答之後，老師排出節奏卡，然後與幼兒一起拍唸出節奏。範例如下：

a. 唱歌→【♩】【♩】Ta Ta

b. 喝可樂→【♩】【𝄽】【♩】【♩】Ta 噓 Ta Ta

c. 「哆啦哆啦」→【♫ 】【♫ 】Ti Ti Ti Ti

d. 紅豆餅→【♩】【♩】【♩ 】Ta Ta Ta-a……等。

機器狗哆啦哆啦

■·結束活動

❶ 紙上作業（一）（p. 20～21）──練習課本中的節奏。

❷ 紙上作業（二）（p. 22）──連連看。老師拍出節奏，請幼兒將節奏與圖來連結。

🐞 延伸活動：

聽音繪圖：老師拿出大海報，分組讓幼兒一邊聽音樂，一邊畫出圖形。

🐞 需要的教材教具：

❶ CD 音響。

❷ 音樂CD：「激盪音感力」（U310009），*Le manege*，第6首。台北：上揚。

❸ 節奏卡。

❹ 十六宮格大海報與圓形磁鐵。

筆記欄

單元 11　打擊王國遊記

🐞 **活動目標：**

❶ 認識皮革、金屬、木製類、旋律類不同屬性的打擊樂器。
❷ 藉由聽辨遊戲培養幼兒的專注力。
❸ 培養幼兒的豐富想像力。

🐞 **設計理念：**

　　藉由故事與遊戲增加幼兒對樂器聲音的辨識能力，並認識不同屬性的敲擊樂器。

🐞 **活動過程：**

■·引起動機

＊肢體節奏遊戲

　　將幼兒圍成一個圓圈，把一個呼拉圈放在中間（裡面放置一張箭頭卡），然後手拉手以順時鐘方向繞行，當老師的鈴鼓響起時大家停止繞行，被箭頭指出方向的幼兒則用自己身體上的任一部位拍出節奏（或做出動作），其他的幼兒則模

仿其動作。

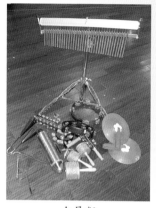

金屬類

皮革類

活動一／音樂故事──
「打擊王國遊記」

❶ 老師以故事方式（見附
錄）來介紹不同家族的
打擊樂器，有金屬類、
皮革類、木製類、旋律
類，一一介紹其名稱與
敲奏方法。

❷ 老師發給幼兒樂器，並再次敘述故事內
容，然後請幼兒依故事情節敲擊手上的樂
器。

木製類

活動二／樂器聽辨遊戲

❶ 老師請幼兒圍著圓圈，發給各類的打擊樂
器（每人一個），然後請一位幼兒到圓
圈中央，戴上眼罩，聽聽看所有樂器的聲
音。

旋律類

❷ 請幼兒同時間（輕敲即可）一起敲出老師
指定的節奏後【♫ ♩ ♫ ♩】，戴上眼罩的幼兒指出老師所指定之該樂器
的方向。如：老師說「木製類」，則被矇眼的幼兒要聽出木製類樂器的音
色是從哪個方向發出，並正確說出樂器名稱。

結束活動

紙上作業（p. 23～24）──從課本中分辨出樂器種類。

🐞 延伸活動：

*魔幻森林

　　請一位幼兒扮演「龍捲風」手拿絲巾轉動身體，其他幼兒拿著不同種類的樂器散落於教室四周，成為一座「魔幻森林」。當「龍捲風」轉動時，「魔幻森林」會因著風的速度發出聲響（幼兒即興敲打出節奏）。

🐞 需要的教材教具：

❶ 樂器：鈸、三角鐵、手搖鈴、刮胡、手響板、木魚、高低木魚、邦哥鼓、波浪鼓、中國鼓……。

❷ 一個呼拉圈。

❸ 一張箭頭卡。

🐞 附錄：故事──「打擊樂王國」

　　在好好玩的「敲敲打打」樂園裡，有一群「金屬家族」管理整個樂園。每天太陽一升起時，金屬家族就會高唱歡迎之歌，歡迎每一位到敲敲打打樂園的人。

　　有一天，金屬家族的成員們依照往常一樣在太陽升起之前檢查著遊樂園裡每一項遊樂器材，這時「鈸」集合大家（鈸的聲音）：「大家集合了！今天敲敲打打樂園有很多貴客，大家一定要做好安全的準備。」管理摩天輪的「手搖鈴」，和管理雲霄飛車的「三角鐵」快樂地呼應著。

　　這裡有緊張刺激的雲霄飛車（鐵琴與木琴滑音敲奏），有驚險好玩的碰碰船（手鼓與鈴鼓敲擊聲）與高高的摩天輪（碰鐘敲擊聲）呢！

　　敲敲打打樂園終於開張囉！第一群來到的是「木頭家族」的成員。「刮胡」走進遊樂園就開始東看看西瞧瞧，它拉著只有一顆牙齒的「手響板」與「高低木魚」去坐碰碰船（手鼓敲擊聲）。

　　另一群「皮革家族」的成員也來了。「邦哥鼓」、「小鼓」、「鈴鼓」和大胖子「康加鼓」坐在雲霄飛車上開心地大叫著（邦哥鼓、小鼓、鈴鼓敲擊聲）。大胖子「康加鼓」雖然個子大，但膽子卻是最小的，一路上它的心臟都蹦蹦跳個不停，一句話都說不出來，直到雲霄飛車停下來才鬆了一口氣。

　　待大夥盡興地玩耍後，正好趕上樂園的重頭戲——敲敲打打嘉年華會。金屬家族邀請皮革家族、木頭家族、旋律家族一起舉辦一場音樂會（所有樂器敲奏聲）。直到夜幕低垂，大夥才高高興興地回家。

單元12

嘉年華會

🐞 **活動目標：**

❶ 利用聲音圖形帶領幼兒即興創作故事。
❷ 培養幼兒專注力及豐富想像力。
❸ 從戲劇遊戲中提昇幼兒互助合作的精神。

🐞 **設計理念：**

　　藉由不同的聲音讓幼兒分辨皮革類、金屬類、木製類、旋律類不同屬性的樂器。利用樂器敲奏的音響引發幼兒的想像力，將聲音化為可見的圖形，再藉由對圖形與聲音的聯想串聯成為即興故事的內容，邀請幼兒以戲劇表演的方式來展現故事內容，從遊戲中探索身體的資源。

　　＊注意事項：本單元可依幼兒時間分 2～3 次來進行。

🐞 **活動過程：**

 引起動機

　　老師與幼兒討論風的種類，如：強風、弱風、微風、龍捲風……等。

活動一／奇妙的黑森林

❶ 將幼兒分散於教室角落，以不同樣的姿勢扮演森林中會說話的「小樹」，老師手上持一條絲巾扮演一陣「風」，被「風」（絲巾）吹到頭上的幼兒，依「風」的速度利用人聲即興來製造音效。

❷ 老師發給幼兒（小樹）各種樂器，請幼兒正確說出樂器名稱，老師拿絲巾代表「風」，當「風」靠近時幼兒依其速度敲出樂器的聲音（強、弱與快、慢……）。

❸ 請幼兒以絲巾當「風」來指揮「小樹」。

活動二／音樂文學創作

❶ 請幼兒敲手上的樂器，於課本（p. 25）中畫下「聲音圖形」，並想像是什麼東西發出的聲音（如：動物、植物、人類……等等的聲音），並與大家分享。

❷ 老師將幼兒畫下的圖畫串聯起來，與幼兒一起即興創作故事。
（範例：有一天森林裡的小松鼠【•……•••（聲音圖型）】，牠十分無聊地到處看看，忽然聽到草叢裡沙沙的聲音，仔細一看竟然是一隻大野狼【●●●（聲音圖型）】……。）

❸ 老師重複敘述故事情節，帶領幼兒配合創作的圖形來敲擊樂器，為故事配上音效。

貼心小叮嚀

老師可以利用此單元課程，配合「萬聖節」Halloween 來編撰故事情節，並由下階段的戲劇活動進行變裝遊戲。

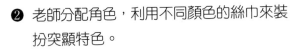

活動三／小小戲劇

❶ 與幼兒共同討論故事中的情境與角色特徵，引導幼兒依故事情節進行戲劇活動（老師盡量將故事情節與角色的詮釋簡單化）。

❷ 老師分配角色，利用不同顏色的絲巾來裝扮突顯特色。

❸ 邀請幼兒一組敲奏樂器，配出音效加強效果，另一組演出故事情節。

結束活動

❶ 老師將過程以錄影機拍攝後與幼兒一起分享。

❷ 將照相機拍攝後的照片貼於幼兒課本上（p. 26）。

服裝

道具

戲劇表演

延伸活動：

老師可以將故事情節配合節日或慶典，改編得更豐富，並加入道具、背景、服裝、音樂、舞蹈……，即可用於表演性的音樂節目。

需要的教材教具：

❶ 樂器：皮革類、金屬類、木製類、旋律類樂器。

❷ 彩色筆或蠟筆。

❸ 不同大小顏色的絲巾數條。

❹ 錄影機。

❺ 照相機。

空中的纜車

單元13

🐞 活動目標：

❶ 培養幼兒對強弱拍子的感受能力。

❷ 正確唸出說白節奏並用肢體拍出頑固伴奏。

❸ 運用樂器敲出二拍子的強與弱「*f*」、「*p*」。

❹ 以歌曲遊戲引導幼兒認識 D（Re）音。

🐞 設計理念：

透過簡單的說白節奏和肢體遊戲讓幼兒體會二拍子的強與弱「*f*」與「*p*」，加強對拍子的敏銳度。並以「電纜車」的歌曲帶領幼兒認識 D（Re）音、高大宜 D 音手勢符號，以及「*f*」與「*p*」的寫法。

🐞 活動過程：

💊 引起動機

❶ 老師呈現出纜車的圖卡，與幼兒討論有沒有看過或坐過纜車的經驗？對纜車的印象是什麼？

纜車遊戲（一）

中班 奇幻遊樂園

❷ 請幼兒沿著虛線將課本 p. 43 的電纜車圖卡取下（並取下小纜車上方的洞，使細繩貫穿）。

纜車遊戲（二）

❸ 與幼兒玩纜車的遊戲，兩人合拉一條線，線上掛著小纜車，幼兒一高一低的讓小纜車交換滑溜到低處，老師則利用鐘琴或風鈴的滑奏來製造音效。

節奏遊戲

🔋·活動一／說白節奏與頑固伴奏

❶ 以肢體節奏教導幼兒「電纜車」的說白節奏（見附錄）。

❷ 請幼兒看節奏圖卡跟著老師拍手，待幼兒熟悉後，老師敲打邦哥鼓【♩♫♩♫】，請幼兒以拍手【♩】、踏腳【♫】來做肢體頑固伴奏，並唸出兒歌的說白節奏。

🔋·活動二／歌曲──電纜車

❶ 老師教導幼兒唱歌（隨著歌曲做肢體的上升與下降）。

❷ 幼兒熟悉旋律之後，以手號複習 Sol、Mi、La 的音，並唱出 D（Re）音的音高，教導幼兒比出高大宜 D 音手勢符號。

❸ 將幼兒分成二組，a 組唱這首兒歌隨著歌曲做肢體的上升與下降，b 組做肢體頑固伴奏：拍手【♩】、踏腳【♫】。

🔋·活動三／強「f」與弱「p」

❶ 佈置一個地點當纜車進站的地方，告訴幼兒：纜車要進站了，大家要到纜

車站排隊。

❷ 老師敲大鼓：當鼓聲變「f」弱時幼兒就可四處走，當鼓聲變強「f」時趕快回纜車站排隊，敲奏鼓的同時，老師拿出「f」與「p」的卡片讓幼兒了解其符號的意涵。

強弱練習

❸ 告訴幼兒：大聲（強）時用「f」代替，小聲（弱）時用「p」代替。

❹ 老師拿出「f」與「p」的卡片，當老師舉起「f」時請幼兒大聲踏腳，舉起「p」時小聲踏腳。

❺ 教導幼兒寫出「f」與「p」。

● 結束活動

紙上作業（p. 27）：於課本上練習寫「f」與「p」。

🐞 延伸活動：

❶ 讓幼兒看「f」與「p」的圖卡，唱出電纜車的歌曲（見附錄及課本 p. 28）。

❷ 器樂合奏：A 組：肢體的頑固節奏，並唱歌曲（配合「f」與「p」）。
B 組：敲擊樂器的頑固節奏，並唱歌曲（配合「f」與「p」）。

🐞 需要的教材教具：

❶ 樂器：鐘琴、風鈴。

中班 奇幻遊樂園

❷ 細繩數條。

❸ 「f」與「p」圖卡。

附錄：歌曲

電纜車

詞曲：吳幸如

電 纜 車　慢 慢 走　一 步 一 步　天 上 走

電 纜 車　慢 慢 溜　一 步 一 步　往 下 溜

單元 14　纜車的家

🐞 **活動目標：**

❶ 藉由音樂活動促進幼兒大肌肉動作的發展。
❷ 能正確標出 D（Re）音的位置。
❸ 增進幼兒身體對強、弱拍的感受能力。
❹ 藉由頑固伴奏增加幼兒的專注力與手眼協調能力。

🐞 **設計理念：**

　　教導幼兒認識與熟悉 D（Re）音位置及其音高，並藉由鐘琴與低音木琴、中音木琴「頑固伴奏」的合奏練習，提昇幼兒的專注力與促進手臂大肌肉動作的協調性。

🐞 **活動過程：**

✏ · 引起動機

　　複習上一單元的纜車遊戲，並唱歌曲。

●·活動一／電纜車之歌

❶ 老師與幼兒利用肢體的節奏拍打（頑固伴奏）複習「電纜車」的歌曲。其
範例如下：

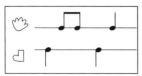

❷ 老師將幼兒分成兩組：a 組以樂器伴奏的方式來表現；b 組則是直接唱歌
曲配合拍打肢體的節奏。樂器敲奏範例如下：

　　碰鐘：【 ♩　　　♩　　　　　】

　　刮胡：【 ⁊ ♫ ⁊ ♫　　】

　　鈴鼓：【 ♩　♩ ♩ 〰〰〰 】

●·活動二／電纜車的家

❶ 老師複習手勢符號，幼兒跟著做並唱出音高（如：老師比出 G 的手勢符
號，幼兒唱出：Sol）。

❷ 老師拿出三張音名卡（G、E、A 音），請一幼兒在三條童軍繩上分別站
出 G（Sol）、E（Mi）、A（La）位置，其他幼兒則依他所跳的位置唱出
該音，並比出高大宜手勢符號。

❸ 老師將纜車圖片放在第一線下方，告訴幼兒纜車就吊掛在線上，並將纜車
圖片翻至背面（上方寫著 D），即呈現出 D（Re）音名卡。

❹ 老師唱出唱名 Re，請幼兒一起唱並比出 D（Re）的手號【 ✍ 】。

❺ 指導幼兒寫出 Re 音名【D】。

·活動三／合奏練習

❶ 老師複習拿琴棒的方法，並讓幼兒練習手腕動作。

❷ 老師將鐘琴、低音木琴、中音木琴上的 G（Sol）、E（Mi）、A（La）、D（Re）鍵留下，將其他的鍵移除，讓幼兒練習敲敲看琴上的音及位置。

❸ 讓幼兒在琴上敲出頑固伴奏伴奏，一邊唱出歌詞來。範例如下：
   a. 鐘琴【𝄾 ♩〰〰（右手：上行滑奏）𝄾 ♩〰〰（左手：下行滑奏）】
   b. 中音木琴【♫（左右手分別敲奏 GA 音）♫（同前）♫（同前）♫（同前）】
   c. 低音木琴：【♩（左手敲奏 E 音） ♩（左手敲奏 A 音）】

貼心小叮嚀

老師可依幼兒能力來調整節奏的敲奏，或是以人聲／肢體來進行伴奏，讓幼兒感受不同的合奏樂趣。

·結束活動

紙上作業（p. 29）——請幼兒找出課本中 D（Re）音，並練習寫出。

延伸活動：

將幼兒分成兩組：a 組敲鐘琴、低音木琴、中音木琴的頑固伴奏（OSTIN-ATO）；b 組敲擊無調類的樂器來進行歌曲合奏。

需要的教材教具：

❶ 樂器：鐘琴（數台）、低音木琴（兩台）、中音木琴（四台）與合奏用的小樂器。

❷ G（Sol）、E（Mi）、A（La）、D（Re）音名卡。

❸ 童軍繩三條。

❹ 自製纜車圓形圖卡，背面寫上 Re 音名【D】。

單元 15

小雨點的歌聲

🐞 **活動目標：**

❶ 帶領幼兒學會製作簡單的克難樂器——「雨聲筒」。

❷ 經由自製樂器的過程訓練幼兒的手眼協調能力。

❸ 提昇幼兒的音樂學習經驗與創作能力。

🐞 **設計理念：**

　　透過製作自製克難樂器——「雨聲筒」的過程，提昇幼兒手眼協調能力與創作能力，體驗自己動手做樂器的樂趣，由完成的作品中獲得成就感與自信心。

🐞 **活動過程：**

✏·引起動機

❶ 與幼兒一起討論下雨天的經驗（拿傘、穿雨衣、雨鞋、被雨淋後身體會濕濕的⋯⋯）。

❷ 老師操作樂器——「雨聲筒」，讓幼兒聽聽它發出的聲音像什麼？告訴幼兒今天要做一個會發出像下雨聲音的樂器。

中班 奇幻遊樂園

■・製作雨聲筒

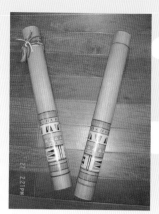

雨聲筒

❶ 老師將事先已經剪對半的竹製牙籤發給幼兒，
   請幼兒注意安全。

❷ 發給幼兒保麗龍球，請幼兒將竹製牙籤尖端插
   在保麗龍球上（課本 p. 30）。

❸ 發給每人洋芋片空罐或寶特瓶一個，將插好之
   保麗龍球填滿洋芋片或寶特瓶空罐。
   *注意事項：需注意保麗龍球插上牙籤後的大小是否可以裝入空罐裡。

❹ 倒入豆類或穀類的東西（約一罐的 1/4 到 1/3 的量），再將罐口封住。

❺ 完成後請幼兒慢慢地將「雨聲筒」上下搖動，豆類掉落時敲擊牙籤發出
   「答答」聲音即可完成。

貼心小叮嚀

　　老師可以請幼兒將完成的雨聲筒的外觀加上一些小裝飾，
即可當成家中的擺飾品，增加幼兒的成就感。

小雨點的歌聲

製作過程（一）

製作過程（二）

成品——雨聲筒

 · 結束活動

老師與幼兒分享自己製作的雨聲筒。

 需要的教材教具：

❶ 洋芋片罐（或寶特瓶）一個。

❷ 竹製牙籤（需要較多數量）。

❸ 三、四種不同顆粒小的豆類或穀類。

❹ 寬膠帶數卷。

❺ 安全剪刀。

小雨點的歌聲

筆記欄

雨中奇景

單元 16

🐞 **活動目標：**

❶ 培養幼兒聽與唱的能力。
❷ 訓練幼兒的節奏感與肢體敏捷度。
❸ 從音樂活動中培養幼兒的專注能力。

🐞 **設計理念：**

運用一首大人、小孩較耳熟能詳的台語兒歌「西北雨」，透過創作性的肢體節奏圖卡來訓練幼兒的節奏、聽與唱的能力，並以自製的克難樂器「雨聲筒」來進行合奏，製造特殊音效，增加學習的趣味性。

🐞 **活動過程：**

🔋 引起動機

老師引導幼兒利用人聲與肢體來表現下雨的情境，並加入大聲、小聲、漸強與漸弱的感覺。

鯽仔魚

中班 奇幻遊樂園

◼ 活動一／兒歌──西北雨

❶ 老師利用故事或課本中的圖畫（p. 31）來解釋兒歌「西北雨」。

❷ 利用肢體拍打節奏做為頑固伴奏【♫（拍手）♩（雙手拍地板）】教唱歌曲。

動物圖卡

❸ 加入自製雨聲筒製造音效（於每一樂句的第一拍加入）。

◼ 活動二／創造性肢體節奏

❶ 老師拿出「西北雨」的肢體節奏圖表（見附錄二），示範肢體節奏圖卡的動作，請幼兒配合歌曲看著肢體節奏卡邊唱邊做動作（一格為【♩】固定拍）。

❷ 等幼兒熟悉後，更換肢體節奏卡的動作與排列位置，再讓幼兒看著肢體節奏卡做出動作（頑固伴奏）。

❸ 可即興加入人聲或雨聲筒的圖片增加活動的趣味性，讓幼兒有創作的機會。

貼心小叮嚀

老師可以配合幼兒的能力設計節奏卡的動作圖示，並於活動前示範圖卡的動作，再進行歌曲的伴奏。

◼ 結束活動

請幼兒配合肢體節奏的圖形表演一次。

肢體模仿

🐞 延伸活動：

可讓幼兒創造肢體節奏，並做出動作。

🐞 需要的教材教具：

❶ CD 音響。

❷ 音樂 CD：「西北雨」，*西北雨直直落*，第 1 首。台北市：風潮唱片。

❸ 肢體節奏圖卡。

🐞 附錄一：歌詞

西 北 雨（台語）

（一）西北雨直直落，鯽仔魚欲娶某，
　　　鮕鮐兄拍鑼鼓，媒人婆仔土虱嫂，
　　　日頭暗揣無路，趕緊來火金姑，
　　　做好心來照路，西北雨直直落。

（二）西北雨直直落，白鷺鷥來趕路，
　　　翻山嶺過溪河，找無巢跋一倒，
　　　日頭暗欲怎好，土地公土地婆，
　　　做好心來帶路，西北雨直直落。

〔詞義：天空下了一場西北雨，雨一直下著，剛好鯽魚要結婚，鮕鮐兄來幫忙敲鑼打鼓，請土虱魚來當媒人婆，天空漸漸暗了，卻找不到路，請火金姑（螢火蟲）趕快來幫忙，幫忙把路照亮，讓大家看得到路。但是，雨還是一直下著……。〕

中班 奇幻遊樂園

🐞 附錄二：肢體節奏圖表

肢體節奏圖（一）

肢體節奏圖（二）

單元 17

奇妙的水舞

🐞 活動目標：

❶ 培養幼兒的樂器合奏能力。

❷ 增進幼兒大小肌肉的控制。

❸ 讓幼兒從音樂活動中體驗藝術創作的樂趣。

❹ 培養幼兒團隊合作的精神與幫助收拾器具的能力。

🐞 設計理念：

　　以同一首台語兒歌「西北雨」讓幼兒體驗各種不一樣的音樂活動，除了唱唱跳跳外，更結合了肢體節奏、樂器敲擊與藝術創作，讓幼兒嘗試用不同的方式體驗整首兒歌的旋律、節奏與趣味性。

🐞 活動過程：

✏ 引起動機

❶ 老師引導幼兒唱一遍「西北雨」的歌曲。

❷ 複習「西北雨」的肢體節奏圖卡。

奇妙的水舞

■ · 活動一╱擊樂合奏

❶ 將肢體節奏卡的動作，換成樂器圖卡，帶幼兒複習各類樂器名稱與敲奏方法。

❷ 將幼兒分組後發給樂器，請幼兒看著樂器圖卡，邊唱邊敲出樂器。

❸ 讓幼兒重複練習幾次後互相交換樂器。

音樂繪畫（一）

■ · 活動二╱音樂與藝術創作

❶ 依幼兒人數分組（4～6 人）後，讓幼兒分別穿上雨衣。地板上鋪大張的棉紙或宣紙（底下墊著舊報紙）。

音樂繪畫（二）

❷ 將調好的顏料裝於小水袋，讓幼兒選擇自己喜歡的顏色，每一人一袋顏料水。

❸ 請幼兒唱出每一樂句的第一拍時，用手將顏料甩在紙上或是用手沾顏料塗抹在紙上。

音樂繪畫（三）

■ · 結束活動

老師播放歌曲當成背景音樂，與幼兒一起分享彼此所創作的畫。

🐞 需要的教材教具：

❶ CD 音響及音樂 CD（同上一堂課：「西北雨」）。

音樂繪畫（四）

❷ 肢體節奏卡。

❸ 樂器圖卡。

❹ 樂器：手搖鈴、手鼓、響棒……。

❺ 廣告顏料、小水袋數個、雨衣數件。

❻ 棉紙或宣紙及舊報紙數張。

筆記欄

排灣族的祭典（一）

活動目標：

❶ 讓幼兒了解台灣原住民的傳統文化。

❷ 藉由排灣族的童謠帶領幼兒體驗原住民的舞蹈。

❸ 提昇幼兒的創造力與族群的認同感。

設計理念：

台灣原住民的藝術成就是有目共睹的，尤其是在雕刻、音樂、舞蹈上。「童謠」是最能夠引起幼兒的共鳴與喜好，是賦予幼兒活潑快樂的捷徑。本單元利用「排灣族」的童謠來帶領幼兒認識台灣原住民的傳統文化，以舞蹈形式體驗排灣族的音樂，透過幼兒的肢體來展現他們可愛的一面。

注意事項：本單元可依幼兒時間分2～3次來進行。

活動過程：

排灣族文物——
原住民兒童畫作（一）

🖍 引起動機

❶ 老師以九族文化村為主題，問幼兒是否到過當

中班 奇幻遊樂園

地去旅遊？看到了哪些印象深刻的東西，例如石板屋、傳統服飾、獵人、山豬……？

❷ 老師拿出「排灣族」原住民的相關照片與課本（p. 33），與幼兒討論他們的漂亮服飾、百步蛇圖騰、大頭目（領袖）、公主穿的衣服、琉璃珠、小米團（傳統美食）、陶甕、石板屋、敵首棚（展示族人出草獵得之敵人首級骨頭）……等等。

排灣族文物——
原住民兒童畫作（二）

排灣族圖騰

■ 活動一／裝扮遊戲

老師將鈴鐺綁於幼兒腳踝上，可以利用人體彩繪筆讓幼兒在自己雙腿上畫百步蛇圖騰及陶甕。（老師可以幫幼兒拍下照片留存，或貼於公佈欄與大家分享）

■ 活動二／原住民舞蹈

❶ 老師簡單介紹歌曲內容：Qa Li Yan 是流行在北排灣族「瑪家鄉」的童謠。小孩玩一種類似「抓人當鬼」的遊戲，邊玩邊唱的曲子。伴奏加上鈴鼓、手鼓等樂器。

頭飾

❷ 老師配合音樂（見所需教材）教導原住民舞蹈（ABA 曲式）。

舞序——

前奏：四拍預備，幼兒圍圈拉小手。

A 段：牽手腳踏併走，往右走四個八拍。最後的四拍轉身面向圓心。

B 段（清唱部分）：幼兒面向圓中心，不拉手，自己往前走四拍，慢慢將

手臂往上舉，做呼喊的動作（兩拍）；再往後走四拍，慢慢將手臂往身後舉，做呼喊的動作（兩拍）。

（全部反覆一次）。

A 段：同前。

間奏：回原來的位置。

＊接下來的三段的舞序與前三段相同。

排灣族祭典

貼心小叮嚀

老師可依幼兒能力，來調整舞蹈的進行方式，並可以添加一些身體上的裝飾品，如鈴噹、頭飾及腰飾，增加活動的趣味性。

結束活動

翻開課本（p. 33），請幼兒分享舞蹈的體驗。

延伸活動：

❶ 加入簡單的樂器伴奏。

❷ 間奏後的 ABA 反覆部分，舞蹈變換隊形：四個人一組手拉手排成一列，各組分開跳舞，動作與前三段相同（老師必須注意幼兒進行的方向）。

🐞 需要的教材教具：

❶ CD 音響。

❷ 音樂 CD：a. 《原住民童謠專輯──我們在這裡》，**Qa Li Yan**（排灣族），第 19 首。花蓮：財團法人原住民音樂文教基金會。
b. 建議參考資料：**童話森林「VuVu 的故事」**。台北：風潮。

❸ 自製鈴鐺數組（見本書 p. 58～60，魔法 DIY～手搖鈴，單元十五）

❹ 人體彩繪筆。

❺ 照相器材。

排灣族的祭典(二)

🐞 **活動目標：**

❶ 讓幼兒了解台灣原住民的傳統文化。
❷ 藉由排灣族的童謠帶領幼兒體驗原住民的舞蹈。
❸ 提昇幼兒的創造力與族群的認同感。

🐞 **設計理念：**

　　排灣族是一個善於用藝術來表達生活與社會制度的民族，更是一個善於歌舞的族群。排灣族的童謠大部分都是孩子在玩遊戲時所唱的，所以曲調相當的簡潔而活潑，有的童謠只是用一種唸唱的方式進行，並沒有固定的音高，歌詞大多帶有模仿性的遊戲動作，所以孩子一邊歌誦一邊玩遊戲，興味不盡。本單元延續上一堂課的歌曲，帶入樂器的伴奏來增加樂舞的氣氛。並介紹一首「Saludi 遊戲歌」提供教學的延伸。

🐞 **活動過程：**

✏ **引起動機**

　　老師拿出沙包與幼兒玩傳遞的遊戲。老師拿出邦哥鼓以左右手敲出【♩♫】

的頑固節奏，請幼兒配合節奏的速度傳遞（老師可以慢慢加快速度）。

排灣族文物——原住民兒童畫作

📣 活動一／器樂合奏

將幼兒分成三組，分別發給邦哥鼓／手鼓、響棒、手搖鈴樂器來進行合奏練習。

步驟——

前奏：預備四拍，邦哥鼓／手鼓【♩ ♩ ♩ ♩】。

A段：邦哥鼓或手鼓【♩♫♩♫】。

　　　響棒【𝄽♫𝄽♫】。

　　　反覆唱曲時加入「手搖鈴」【♩♫♩♫】伴奏。

B段：全部樂器停止敲奏。

A段：同前。

間奏：同前。

接下來的三段的樂器敲奏與前三段相同。

📣 活動二／原住民鼓樂舞蹈

❶ 複習上一單元教過的舞蹈。

❷ 將幼兒分成兩組：a組跳舞，b組樂器伴奏。

　　a組：老師將鈴鐺綁於幼兒腳踝上，可以利用人體彩繪筆讓幼兒在自己雙腿上畫百步蛇圖騰及陶甕。

　　b組：再將幼兒依樂器分組，配合頑固節奏來伴奏。

排灣族文物（一）

排灣族文物（二）

貼心小叮嚀

　　老師可依幼兒能力來調整節奏的敲奏與舞蹈的進行方式，或是加入故事性的內容，使之成為一齣幼兒音樂劇，即可用於表演性的場合。

▰▰▶ 結束活動

❶ 請幼兒分享鼓樂舞蹈的體驗。

❷ 紙上作業（p.34）：將拍攝的照片於下堂課發給幼兒，貼於課本上。

 延伸活動：

❶ 老師唱歌曲——「Saludi 遊戲歌」來進行沙包傳遞遊戲，讓幼兒熟悉旋律再教唱歌詞。

❷ 加入肢體節奏與樂器的頑固伴奏。

 需要的教材教具：

❶ CD 音響。

❷ 音樂CD：「原住民童謠專輯——我們在這裡」，*Qa Li Yan*（排灣族）。花蓮：原住民音樂文教基金會。

❸ 樂器：邦哥鼓／手鼓、響棒、手搖鈴數組。

❹ 沙包、人體彩繪筆。

❺ 照相器材。

🐞 附錄一

　音樂 CD：　①「Paiwan 小不點兒」，草埔國小合唱團歌唱排灣族傳統歌謠，
　　　　　　　Saludi 遊戲歌，第 19 首。屏東縣：獅子鄉草埔國小。
　　　　　　②建議參考資料：*台灣原住民紀實 7——「排灣族的音樂」*。台
　　　　　　北：風潮。

🐞 附錄二

　歌譜：Saludi 遊戲歌

Saludi

實音低大六度

獅伊 005117
周明傑採譜

單元 20　音樂大富翁

🐞 **活動目標：**

❶ 提昇幼兒節奏感與樂器認識。
❷ 從遊戲中增進學習的效果。
❸ 藉由遊戲複習節奏卡與樂器。
❹ 複習本學期的音樂智能概念。

🐞 **設計理念：**

　　讓幼兒藉由遊戲，將音樂、樂器、節奏卡、肢體等融入遊戲中，讓幼兒在自然、快樂的氣氛裡複習之前教過的音樂符號、節奏與歌曲。

🐞 **活動過程：**

　　複習之前所教過的歌曲。

✏ 引起動機

❶ 老師將音樂大富翁的遊戲道具拿出來，介紹骰子和相關的音樂卡片。

音樂大富翁──道具（一）

❷ 複習節奏卡、樂器、樂理、肢體節奏
……等。

音樂大富翁——道具（二）

● 音樂大富翁

❶ 玩法與注意事項：依人數分為 A、B、C
三組（幼兒當成主棋子），由 A 組的小
朋友先擲骰子，擲出的點數即為步數，並
依步數從起點開始走，走到擲出點數的方
格內，再依指令做動作。完成後 B 組與
C 組幼兒輪流進行。

❷ 三組依序輪流，每當一位幼兒走到終點，
則由同組幼兒遞補，依此類推，直到該組
幼兒全部走完即為獲勝（遊戲與大富翁相
似）。

音樂大富翁——道具（三）

貼心小叮嚀

♪ 老師可依幼兒能力，改變遊戲的方
法與步驟。
♪ 事先準備一些獎勵卡，鼓勵幼兒，
以有獎徵答的方式，回答老師所提
的問題。（複習這學期所教導的音
樂知能）

音樂大富翁——道具（四）

● 結束活動

紙上作業（p.35）：翻開課本中的路線圖，
請幼兒以手指來指出路線，並說出、唱出、拍出
圖示中的音樂符號。

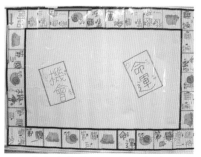

音樂大富翁——道具（五）

需要的教材教具：

❶ 樂器圖。

❷ 節奏卡。

❸ 指令卡（將教過的音樂符號、音名、歌曲、節奏⋯⋯製成抽取卡）。

❹ 能讓幼兒在上面行走的大富翁圖形海報。

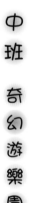

小海馬的家

單元1 海底的寶盒

🐞 活動目標：

❶ 透過活動開發幼兒對聲音的模仿能力。

❷ 訓練幼兒對聲音的辨識能力。

❸ 從聽音遊戲中培養幼兒的專注力。

🐞 設計理念：

藉由樂器聽辨，訓練幼兒的聆聽與專注，能夠連結實體與聲音，進而發展敏銳的聲音辨識能力，而能夠加以分析、配對。

🐞 活動過程：

🔋·引起動機

❶ 老師以人聲模仿出大自然的聲音（如：鳥叫聲、蟲鳴、蟬叫聲、風聲、鯨魚叫聲……），讓幼兒猜猜看是什麼聲音？請幼兒一個個利用嘴巴發出模擬的聲音。

❷ 老師利用課本中的圖畫（p.4）向幼兒說「海底的寶盒」的故事（請見附

錄）。

❸ 老師告訴幼兒，故事裡海洋裡的動物希望唱歌時能有樂器的聲音伴奏，請幼兒一起來幫助他們，找回樂器的聲音。

活動一／聽音遊戲

❶ 老師取出曾教過的樂器：手響板、鈴鼓、木魚、三角鐵、沙鈴……等等，每取出一種樂器就敲一次聲音，讓幼兒熟悉聲音。

❷ 設置一個布幕，老師扮演聲音魔法師，躲在布幕後方輕輕地敲任何一種樂器，讓幼兒聽聲音說出主人是誰（樂器名稱）。

活動二／樂器聽辨與配對遊戲

❶ 遊戲一：
a.將8種樂器（任意挑選）及樂器圖卡分別放在不同的兩片地毯上。
b.將幼兒分成兩組，各派出一位幼兒。兩人猜拳，贏的幼兒選一種樂器敲出聲音，另一個幼兒則趕快到地毯上找出相對應的樂器圖卡。

配對遊戲

❷ 遊戲二：
a.請兩組幼兒背對背排好，一組拿樂器、一組拿樂器圖卡。
b.由拿樂器的幼兒輪流敲出樂器，聽到與自己圖卡相對應的幼兒要將卡片舉高。

➡ 結束活動

＊聲音魔法師

　　紙上作業（p. 4）：請幼兒翻開魔法圖，在這張魔法圖上找出樂器，並塗上顏色！解救了這些樂器的聲音。

🐞 延伸活動：

＊神秘箱

　　老師將一樣樂器置於神秘箱內，讓一位幼兒伸手進去摸一摸，判斷出是什麼樂器後，去找出此樂器的圖卡來配對。

🐞 需要的教材教具：

❶ 樂器：手響板、鈴鼓、木魚、三角鐵、沙鈴……。

❷ 圖卡：手響板、鈴鼓、木魚、三角鐵、沙鈴……等圖卡。

❸ 神秘箱。

大班　小海馬的家

海底的寶盒

海洋裡住了一個聲音魔法師，他喜歡收集世界上好聽的聲音到他的寶盒裡，他的寶盒裡收藏了許多動物的聲音、人的聲音、大自然的聲音，當然也有各種樂器的聲音。但可怕的是，任何一種聲音只要被聲音魔法師收到寶盒裡之後，這個聲音就會從世界上消失了。

海底世界的動物們慢慢發現了聲音魔法師的秘密，深怕海洋裡好聽的聲音一個個的不見了，他們非常擔心，於是派大力士螃蟹去把聲音魔法師的寶盒打開，把所有的聲音釋放出來。大力士螃蟹趁聲音魔法師出門時偷偷跑到他家裡，把寶盒用力地打開，正當所有的聲音要逃出寶盒時，被突然回來的聲音魔法師發現了，飛快的將寶盒蓋上，樂器的聲音來不及逃出來就又被關在寶盒裡了。

海洋裡的動物好希望唱歌時能有樂器的聲音伴奏，於是跑去找聲音魔法師，希望他能將樂器的聲音還給他們，聲音魔法師聽了他們的要求後回答：「要我放出樂器的聲音可以，但是我有一個條件，我這裡有一張『魔法圖』，只要你們能找出裡面的聲音的主人（樂器），我就可以放出所有的聲音，否則……哈哈哈，我就把它們永遠關在我的寶盒裡了……哈哈哈！」

單元 2　海底總動員

🐞 **活動目標：**

❶ 透過聽力遊戲訓練幼兒的節奏能力。
❷ 激發幼兒的想像力及肢體創作能力。
❸ 訓練幼兒的專注能力。

🐞 **設計理念：**

　　本單元藉由肢體節奏與樂器合奏，訓練幼兒的聆聽與專注，發揮幼兒豐富的想像力，加強幼兒對節奏的反應能力。

神秘紙箱（一）

🐞 **活動過程：**

📼 · 引起動機

＊神秘箱

　　老師在一紙箱內，準備約五種樂器，一一敲打其聲音，再由幼兒到樂器區找出正確的樂器。

神秘紙箱（二）

● 活動一／節奏聽力遊戲

❶ 老師以一種樂器敲出節奏，如【♫ ♫ ♫ ♩】，請幼兒閉上眼睛，以手拍出節奏，猜出老師所敲奏的樂器是什麼？

節奏練習

🔊 貼心小叮嚀

　　老師可以利用之前曾經教過的拍子，拍打出不同的節奏，訓練幼兒的專注力與節奏反應。

❷ 幫一位幼兒戴眼罩，指令是走向敲手鼓的地方，老師在一定點敲打手鼓與節奏【♫ ♫ ♩ 】，請幼兒拍出節奏，依循聲音走向目的地。其他幼兒以頑固伴奏【♩】敲打不同的樂器（如：響棒、沙鈴）擾亂幼兒（戴眼罩者）的聽覺。

🔊 貼心小叮嚀

　　請其他幼兒以弱音敲奏頑固伴奏【♩】，避免主角聽不到主要樂器發出的聲音。

● 活動二／節奏排卡

❶ 幼兒圍圈坐，老師使用肢體（拍手、拍腿、拍肩、拍地板……）與幼兒玩節拍遊戲。例如：老師拍一下手【♩】，幼兒也拍一下手【♩】；老師拍兩下地板【♫】，幼兒雙手也拍兩下地板【♫】。

❷ 問幼兒除了拍手與拍地板……外，也可以用身體的哪個部位來拍打節奏？（如：踏腳、彈手指頭、點頭……等。）

❸ 請幼兒拆下課本後面的節奏卡。

❹ 將之前所介紹過的音符卡片複習一遍。以海底動物名稱為主，拍出節奏來，並請幼兒依節奏來排卡片。如：小海馬【♫ ♩】、螃蟹【♩ ♩】、蝦【♩】、小美人魚【♫♫】、大白鯊【♩ ♫】，由幼兒口語唸一遍再拍打一遍（反覆練習）。

▬▶ 結束活動

　　紙上作業（p. 5）：連連看。老師利用樂器敲奏出節奏，請幼兒來連接正確的圖形。

🐞 延伸活動：

　　＊音符與樂器的合奏

　　將幼兒分成四組，如響棒、手響板、鈴鼓、小銅鐘。依老師所排列出四張音符圖卡，每組敲打一張節奏卡。

🐞 需要的教材教具：

❶ 樂器：響棒、手響板、小銅鐘、鈴鼓、手鼓。

❷ 節奏圖卡。

❸ 眼罩。

❹ 神秘箱（紙箱）。

筆記欄

單元3　寄居蟹的舞蹈

🐞 **活動目標：**

❶ 訓練幼兒的聆聽及專注。
❷ 從音樂律動中體驗 ABA 三段曲式。
❸ 增進幼兒大肢體動作的協調性與反應能力。

🐞 **設計理念：**

　　引導幼兒從音樂律動中，體驗 ABA 三段曲式，並辨別圓滑音、跳音、強弱……等，複習音樂符號並了解其所代表的意義。

🐞 **活動過程：**

✏ · 引起動機

❶ 老師準備一些沙灘上的生態圖片和幼兒討論在沙灘上最常見到哪些生物。例如：螃蟹、海龜、寄居蟹……等。

❷ 模仿寄居蟹的動作：老師準備響棒和三角

動作模仿

鐵，當響棒敲出【♫♫♫ ♫♫♫ ……】的聲音，幼兒模仿寄居蟹手腳並用蹲著走路。當老師敲出三角鐵的聲音【♪】，則請幼兒將四肢整個縮起來，模仿寄居蟹躲到殼裡。

■ 活動一／音樂律動──寄居蟹之舞

音樂律動

＊樂曲：ABA 曲式（見附錄）

A、B 兩段各設計不同的舞步，讓幼兒分辨 A、B、A 曲式架構。

舞序：先將幼兒排成二行（二行間有點距離），兩人兩人面對面站著。

A段：第一小節前三拍，幼兒兩人面對面往前走，遇休止符時則需拍手。
第二小節前三拍，幼兒兩人面對面退後走，遇休止符時則需拍手。
第三小節與第一小節相同，第四小節與第二小節相同。

B段：五、六小節，由第一行幼兒將雙手舉高，轉動手腕，並扭動身體慢慢蹲下再站起來，第二行的幼兒則站立拍手。
七、八小節則由第二行幼兒將雙手舉高，轉動手腕，並扭動身體慢慢蹲下再站起來，第一行的幼兒則站立拍手。

A段：同前。

■ 活動二／器樂合奏

❶ 老師依幼兒人數發給響棒及三角鐵，老師彈奏歌曲引導幼兒哼唱旋律，當聽到旋律中有跳音部分（每個八分音符）時，則拍手──跳音。當有圓滑音出現（第五小節與第七小節）時，則以手臂畫出彩虹──圓滑線。

❷ 老師將幼兒分成兩組，分別發給響棒及三角鐵。當聽到老師彈奏旋律中有跳音部分時，敲擊響棒（每個八分音符）。當有圓滑音出現時，則敲三角鐵（第五小節與第七小節的第一拍）。

▰· 結束活動

❶ 複習圓滑音、跳音、強弱、漸強漸弱的表情記號圖卡。

❷ 紙上作業（p.6）：畫出跳音與圓滑音的符號。

延伸活動：

＊ 加入表情符號：

老師準備各種表情記號圖卡，如：強【 f 】、弱【 p 】、重音【＞】、漸強【＜】、漸弱【＞】，讓幼兒跟著這些符號的指示敲擊樂器。

需要的教材教具：

❶ 沙灘上的生態圖片。

❷ 鋼琴。

❸ 樂器：三角鐵、響棒數組。

❹ 表情記號圖卡。

大班 小海馬的家

寄居蟹的舞蹈

泡泡球的舞蹈

🐞 活動目標：

❶ 透過活動提昇幼兒大肢體運作能力。

❷ 增進幼兒的專注力。

❸ 激發幼兒的創造力和想像力。

🐞 設計理念：

　　藉由泡泡遊戲，提昇幼兒大肢體運作能力與專注力，並透過創造性的律動舞蹈，引導幼兒體驗迴旋曲式的音樂型態，提昇肢體韻律感與節奏感。

🐞 活動過程：

✏ · 引起動機

　　延續上一堂課的水中世界話題，老師詢問幼兒是否吹過，或玩過吹泡泡的遊戲？老師以泡泡罐或泡泡槍吹出許多泡泡，告訴幼兒，海底生物因為在水底互相打招呼，所以問好時會出現許多小泡泡……（p. 7）。

泡泡球的舞蹈

活動一／肢體開發

老師利用泡泡槍吹出許多泡泡，請幼兒以肢體來碰觸泡泡（手指頭、肩膀、膝蓋、腳尖、手肘、手掌……），開發肢體的姿態與張力。

肢體遊戲

貼心小叮嚀

若時間、空間、器材（CD音響）足夠，可以試著帶領幼兒到戶外進行活動，體驗與大自然共舞的機會。

活動二／創造性肢體律動（迴旋曲式）——與泡泡共舞

利用迴旋曲式的音樂（參考所需教材）來帶領幼兒跳舞，並利用泡泡槍吹出許多泡泡創造出跳舞的樂趣。

舞序——

A 段：（反覆兩次）——請幼兒以食指指著吹出的小泡泡走，直到小泡泡自然破掉後再換手指著另一個泡泡……，隨著小泡泡上或下移動肢體。

B 段：請幼兒跟隨著節奏【♩ ⅞ ⅞ ⅞】【♩ ♩ ♩ ⅞】，於四分音符（♩）的拍子上拍打小泡泡。

C 段：請幼兒用「嘴巴」吹氣，將小泡泡吹走。

B 段：同上。

C 段：同上。

A 段：（反覆兩次）——同上。

＊反覆數次

與泡泡共舞

🐞 結束活動：

紙上作業（p. 7）：請幼兒將泡泡塗上顏色。

🐞 需要的教材教具：

❶ CD 音響。

❷ 建議音樂 CD：「哈囉，一起來跳舞吧！」（4468），*哈囉，一起跳舞吧*，第 1 首。台北：上聿文化。

❸ 泡泡罐或泡泡槍。

❹ 彩色筆或蠟筆。

筆記欄

單元 5

胖胖小河豚

🐞 **活動目標：**

❶ 透過傳遞遊戲提昇幼兒大肢體運作能力。
❷ 增進幼兒的注意力與方向感。
❸ 激發幼兒的創造力和想像力。
❹ 藉由童韻引導幼兒體驗【♫♫】的節奏。

🐞 **設計理念：**

　　透過傳球遊戲的節奏與韻律，複習之前教過的拍子，讓幼兒練習頑固伴奏 OSTINATO，提升幼兒大動作的技能與方位轉換的反應力。並從童韻說白節奏中感受【♫♫】的節奏。

🐞 **活動過程：**

✏ **引起動機**

❶ 老師請幼兒圍一個圓圈坐下，先玩拍大腿傳遞遊戲。傳遞一次之後，老師拿鈴鼓打固定拍【♩】或【♩】……等等，然後請幼兒按照節奏以手來打拍子，複習之前教過的節奏（不做傳遞）。

❷ 老師手拿鈴鼓拍固定拍【♫ ♩】，請幼
兒依老師的鼓聲將拍手動作依順時針方向
「傳遞」下去。

動作即興遊戲（一）

活動一／動作即興與反應力

❶ 老師引導幼兒用拍手的方式傳下去，中途
如果聽到老師拍打鈴鼓聲【重音＞】時，
拍手的動作以逆時針的方向傳回去（再次
聽到拍打鈴鼓時，再往反方向傳）。

❷ 請幼兒圍成一個圈站著，由老師開始隨性
做 出 一 個 動 作（如：做「摸 頭 的 動
作」，之後的幼兒以接龍的方式將「摸
頭的動作」遞傳下去），由左邊開始一

動作即興遊戲（二）

個接一個的方式傳下去，中途若有幼兒不喜歡這個動作，則他可以創出一
個新動作回傳回去。

活動二／固定拍的感受

❶ 請幼兒圍個圈圈坐下來，老師發給每位幼兒一顆球（約網球大小），按照
固定拍子【♩】來傳遞，讓幼兒感受固定拍的節奏（老師敲奏鈴鼓：
【♩】）。

❷ 老師示範一次之後，配合音樂或請幼兒唱歌曲「捕魚歌」，按照固定拍子
【♩】以順時鐘方向傳，這樣反覆練習，歌曲速度可以慢慢加快。

❸ 練習多遍之後，可改變傳球的方向，如果聽到老師拍打鈴鼓聲【重音＞】
的鼓聲，就立即把球往回傳。

**貼心小叮嚀**

　　老師也可以利用一般的小皮球（一個），來進行傳遞遊戲。

✏️ 活動三／童韻──「胖胖河豚」（說白節奏）【♪♫♪】的教學

❶ 老師翻開課本的圖畫，與幼兒討論河豚「胖胖」（名稱）可愛的樣子，並教導胖胖河豚【♫♫】（ti-ri-ti-ri）的節奏，請幼兒一個個以順時鐘方向拍唸一次，老師用鈴鼓敲奏【♪】來配合幼兒的節奏【♫♫＝♪】。

❷ 「胖胖河豚」整首童韻（見附錄及課本 p. 9）。

✏️ 結束活動

　　紙上作業（p. 8）：於課本中找出【♫♫】，並畫上符幹。

🐞 **需要的教材教具：**

❶ 鈴鼓。

❷ 網球數個（依幼兒的人數而定）。

胖 胖 河 豚

童韻：吳幸如

（＊用雙手拍擊肚子，或即興拍子打肢體4拍＊）

胖
胖
小
河
豚

小河豚的家

🐞 **活動目標：**

❶ 藉由音樂活動促進幼兒大肌肉動作的協調。

❷ 能正確標出中央 Do 音的位置。

❸ 能利用鐘琴敲奏出中央 Do 的位置。

❹ 全音符【𝅝】概念。

🐞 **設計理念：**

藉由上一週所介紹的童韻「胖胖河豚」帶入歌唱，讓幼兒在樂曲中學習中央 C【Do】的音名、唱名與全音符【𝅝】的概念，並介紹鐘琴 C【Do】的位置，練習歌曲的頑固伴奏。

🐞 **活動過程：**

複習上一堂「胖胖河豚」的說白節奏，及複習鐘琴棒的拿法（請參考中班上學期第八單元課程：棒棒糖之歌）。

■・引起動機

❶ 告訴幼兒，有一隻小河豚非常可愛，牠喜歡一邊唱歌一邊表演動作。

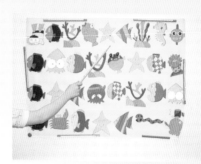

節奏圖卡

❷ 請幼兒戴上老師自製的小河豚帽，學牠唱歌的樣子：以口白唸頌加入肢體節奏來做頑固伴奏。如：胖<u>河豚</u>【♩（拍手）♫（拍打左、右膝蓋）】。

■ 活動一／兒歌──「胖胖河豚」（人聲、肢體、樂器合奏）

❶ 老師唱一遍加了旋律的兒歌（見附錄及課本 p. 11），請幼兒跟著唱（反覆數次待幼兒熟悉後進入下一活動）。

❷ 老師將幼兒分兩組，a 組以口白唸頌童韻，加入肢體頑固伴奏：胖<u>河豚</u>【♩（拍手）♫（拍打左、右膝蓋）】。b 組唱歌曲。

❸ C組：樂器伴奏，進行合奏（Ostinato）活動。

器樂合奏

　　範例：
　　a. 響棒【♫ ҂ ♫ ҂】。
　　b. 碰鐘【♩　♩　】。

貼心小叮嚀

待幼兒熟悉後，老師斟酌其能力，加入樂器進行合奏。

✏ 活動二／鐘琴練習

❶ 複習鐘琴棒的拿法（請參考中班上學期），老師將鐘琴上的中央 C（Do）與 G（Sol）鍵留下，將其他的鍵移除，讓幼兒練習敲奏。如：【♩ （左手：C音） ♫ （右手：G音）】。

❷ 請幼兒試試看，同時唱歌並敲出鐘琴的頑固伴奏。

✏ 活動三／中央 C（Do）的位子與【𝅝】

❶ 老師利用童軍繩在地板上排出五條線，並拿出小河豚的圖卡（背面寫上音名 C），告訴幼兒，因為小河豚太胖怕壓到其他人，所以住在第一條線下方，身上綁著一條線（一條短繩）怕掉下去……。

❷ 將小河豚的圖卡翻面，呈現音名【C】後，告知幼兒，小河豚還有一個名稱叫做【C】，唱出的聲音為（Do）。並教導幼兒「高大宜手勢符號」【🤚】。

❸ 畫出【𝅝】全音符，並告訴幼兒拍數與唸法。

🔊 貼心小叮嚀

告訴幼兒，全音符【𝅝】像小河豚的肚子一樣大，能吃下四隻小蝦子，牠吃飽後，會摸著肚子唱出：Ta-a-a-a 的聲音。

✏ 結束活動

紙上作業（p. 10）：從課本找出小河豚的家，並寫上音名【C】。

小河豚的家

🐞 延伸活動：

將幼兒分成兩組：a 組敲旋律類樂器的頑固伴奏、b 組敲擊無調類的樂器來合奏。

合奏練習（一）

🐞 需要的教材教具：

❶ 自製的小河豚帽子。

❷ 小河豚的圖卡（背面寫上音名 C）。

❸ 鐘琴或旋律類樂器數台。

合奏練習（二）

❹ 童軍繩五條及一條短繩。

❺ 合奏用的樂器。

🐞 附錄：兒歌

胖 胖 河 豚

詞曲：吳幸如

胖 胖 河 豚 胖 胖 河 豚　真 可 愛　圓 圓 滾 滾 圓 圓 滾 滾　像 顆 球

（以手拍肚子，或即興拍打肢體 4 拍）　　我 也 有 一　個 小　　球

水草之舞

🐞 **活動目標：**

❶ 複習中央 Do 的位置與全音符【𝅝】。

❷ 提供幼兒藝術創作的機會。

❸ 培養幼兒豐富的想像力與創造力。

❹ 從音樂律動增進幼兒的肢體創作能力。

🐞 **設計理念：**

本單元藉由「音樂聆賞」的方式，帶領幼兒進入創造性的律動遊戲，啟發幼兒豐富的想像力，提昇大肢體動作的協調性。並且帶入豐富的模擬情境，發揮幼兒的想像力與創造力，結合藝術的創作，來體驗音樂活動的另外一種風貌。

＊本單元課程可以配合幼兒的時間，分成 2～3 次來進行。

🐞 **活動過程：**

複習上一堂課教的歌曲與中央【C】音位置及【𝅝】全音符。

· 引起動機

❶ 老師事先準備水草的圖卡數張，有靜止的、有隨水飄動的、單一的、也有整片的……，告訴幼兒這裡是小河豚最喜歡遊玩的地方，讓幼兒欣賞課本上的水草之美（p. 12）。

❷ 老師藉由敲奏風鈴的聲音，讓幼兒透過肢體動作來模擬水草的動作。

活動一／創造性音樂律動（A）

❶ 老師播放音樂（見所需要之教材），發給每人兩條彩色長條皺紋紙。

❷ 由幼兒隨音樂自由創作，一邊聆聽音樂，一邊上下左右揮動自己的雙手，想像自己是一株水草在水裡自由舞動。

水草之舞（一）

❸ 老師帶領幼兒做動作，想像自己是水中舞動的水草，配合音樂做出動作。

貼心小叮嚀

♪ 長條皺紋紙長度，須搭配幼兒身高。避免絆倒幼兒。

♪ 肢體動作：可以有單一幼兒的表演，也有一群幼兒的表演，呈現一幅海底水草隨波舞動的畫面。

水草之舞（二）

· 創造性音樂律動（B）

由四個幼兒各握藍色大絲巾的一端上下甩動，讓大絲巾呈現大海波浪的模

樣，其他的幼兒當水中的水草，隨著浪的高低，擺動身體並配合音樂自由創作動作。

音樂繪畫（一）

活動二／音樂與藝術創作——音樂繪畫

❶ 幼兒分組（約 4～6 人），分別穿上雨衣，地板上鋪大張的棉紙或宣紙（底下墊著舊報紙）。

❷ 將調好的顏料裝於小水袋內，一人一袋顏料，讓幼兒選擇自己喜歡的顏色。

音樂繪畫（二）

❸ 老師播放音樂後，先示範在大宣紙上用手指沾水彩畫上水草。之後讓幼兒隨音樂揮灑水彩，藉由手指移動的線條，呈現水草在水中隨海流波動的圖形。

結束活動

❶ 與幼兒一起分享藝術創作（水草畫），請幼兒簡約介紹圖畫內容。

❷ 紙上作業（p. 12）：將水草塗上顏色。

大班 小海馬的家

🐞 **延伸活動：**

　　老師可再加入一些道具、服裝、舞蹈、結合課本中的單元活動，即可成為音樂劇的表演節目之一。

🐞 **需要的教材與教具：**

❶ CD 音響。

❷ 音樂CD：「哈囉、一起來跳舞吧！」（4468），*精靈之舞*，第9首。台北：上聿文化。

❸ 樂器：風鈴、碰鐘。

❹ 數張水草圖卡、彩色長條皺紋紙（數條）。

❺ 一條藍色透明大絲巾。

❻ 數張大宣紙、水彩、水袋。

水族館

🐞 **活動目標：**

❶ 提昇幼兒大肌肉的平衡性與協調性。

❷ 培養即興創作能力及情感表達能力。

❸ 引導幼兒體驗迴旋曲式的音樂型態。

🐞 **設計理念：**

　　藉由《動物狂歡節》「水族館」樂曲曲式之結構，運用音樂圖畫的方式，連結各種海底生物，描繪出音樂的內涵，引發幼兒肢體的即興創作力與想像力，體驗迴旋曲式的音樂型態。

🐞 **活動過程：**

🖊 引起動機

❶ 問幼兒是否去過水族館？請幼兒分享看過的魚類或其他水中生物（老師可以利用圖片、故事書，或播放 Discovery 海底生物影片），與幼兒探討生物在水中移動的

海底動物

方式。

❷ 老師以一些小樂器（沙鈴、鈴鼓……）
來引導幼兒模仿海中生物的游法。如，擺
動尾巴、跳躍、快速游、悠閒的游、蠕動
……等，肢體移位動作。

魚群

📣 · 活動一／音樂欣賞

❶ 播放音樂：《動物狂歡節》「水族館」
片段，將樂曲的型式，以圖形或圖畫方式
畫出，張貼於白板。

❷ 配合音樂段落，講述樂曲中的故事情境
（裡頭有水母、章魚、螃蟹、蝦、水草、

肢體動作模仿

鯊魚……），結束之後請幼兒說出有哪些魚在裡面？

❸ 再次播放音樂，請幼兒配合音樂圖畫的內容，來舞動肢體，模仿魚類游
泳。

📣 · 活動二／創造性肢體律動──迴旋曲式的概念

❶ 將幾個大呼拉圈散放教室地板上，每個呼拉圈當作一個區域，每個區域裡
頭放幾種魚類的圖卡。

❷ 創造性肢體律動──
　A段：讓幼兒扮演他最喜歡的魚，隨著音
　　　樂做即興表演。
　B段：請幼兒去找最喜歡的區域，並拿起
　　　一張圖卡掛上（旋律為下行音模進
　　　時）。
　　　重複A段音樂時，幼兒需扮演圖卡

音樂律動

上的海中生物之動作。

音樂 B 段又開始，請幼兒再去找不同的區域，並拿起一張圖卡掛上。

C 段（單長音部分）時，全體幼兒要變成水草搖擺。

音樂結束（Coda 部分）時慢慢蹲下來休息。

✏ · 結束活動

紙上作業（p. 13）：老師播放音樂，引導幼兒於課本中，畫出迴旋曲式圖形（相同的樂段，畫一樣的圖形，如 A：【★】、B：【▲】、A：【★】、B：【▲】、C：【◆】……）。

貼心小叮嚀

老師可以於白板上畫出圖型或與幼兒討論圖型，配合音樂的旋律，一起完成紙上作業。

🐞 需要的教材教具：

❶ CD 音響。

❷ 音樂CD：《最受歡迎點播名曲》，聖桑──動物狂歡節：*水族館*，第10首。台北：EMI 科藝百代。

❸ 各種魚類圖片掛卡。

❹ 數個大型呼拉圈。

大班 小海馬的家

筆記欄

單元 9　煙火圓舞曲

活動目標：

❶ 運用肢體動作來表現音樂的旋律與力度。
❷ 增進幼兒音樂語言創作與想像能力。
❸ 培養幼兒的藝術創作能力。

設計理念：

讓幼兒透過簡單的音樂旋律，呈現肢體動作。藉由創造性的律動，帶領幼兒進入視覺與聽覺的感官體驗，並利用音樂創作圖畫，提昇幼兒的藝術欣賞與創作能力，增進同儕互動。

本單元課程可以配合幼兒的時間，分成 2～3 次來進行。

活動過程：

▬· 引起動機

＊ 肢體開發

❶ 與幼兒討論是否看過煙火表演？煙火有幾種型態……等等。

大班 小海馬的家

194

❷ 拍打手鼓【♫♫♫♫（◁——）………
♩（＞）】以漸強方式引導出肢體動作：
請幼兒蹲著身體當煙火，聽到鼓聲漸強時
慢慢伸展身體，直到鼓聲拍打「重音」時
將整個身體與手臂往上，呈放射性的姿態
跳開來（如煙火狀）。

美麗的煙火

🎵·活動一／創造性肢體律動──美麗的煙
火

❶ 發給每位幼兒 1～2 張不同顏色的色紙與
一個紙杯，請幼兒把色紙撕成小碎片放進
紙杯裡。

❷ 老師播放音樂（見所需教材），每個幼
兒拿著杯子，隨著音樂中漸強、重音的部
分，把紙杯中的紙花往上拋，音樂重複
時，幼兒把地板上的紙花撿回紙杯裡，隨
著旋律重音的部分，再重複相同的動作
（整首音樂中旋律反覆多次）。

煙火的形狀（一）

🎵·活動二／造型藝術──煙火的形狀（音
樂圖形）

❶ 請幼兒將撕碎的色紙（煙火）收拾起來放
入紙杯內。

煙火的形狀（二）

❷ 將幼兒分組後（約七至八人一組），老
師播放音樂，幼兒配合音樂旋律，利用紙
花與紙杯將整首歌曲（共八個樂句）的形
式以圖形排列出來，特別是「重音」的圖

煙火的形狀（三）

形要突顯出來。

❸ 老師再次播放音樂，配合旋律，與幼兒一起分享他們所排出的音樂圖形。

✏️ · 結束活動

紙上作業（p. 14～15）：翻開課本，將虛線黏貼上撕碎的色紙，創造煙火形狀。

煙火的形狀（四）

🐞 **延伸活動：**

將幼兒分組（約 6～8 人），發給絲巾，以肢體動作來表演煙火組曲。

🐞 **需要的教材與教具：**

❶ CD 音響。

❷ 音樂CD——「動物Party」（4403），*老虎*，第5首。台北：上聿文化。

❸ 紙杯數個、色紙數張。

❹ 小絲巾數條。

❺ 膠水數瓶。

筆記欄

單元 10

海上的煙火

🐞 **活動目標:**

❶ 培養幼兒專心聆聽音樂的能力。

❷ 透過音樂欣賞提昇幼兒音樂鑑賞力。

❸ 運用豐富的想像力來表現肢體語言。

🐞 **設計理念:**

　　透過聆聽音樂,引導幼兒運用豐富的想像力來表現肢體語言,將喜、怒、哀、樂的表情呈現出來。結合聲光藝術,呈現音樂的曲式架構,讓音樂欣賞的課程更加活潑生動,以營造上課的趣味性。

　　注意事項:本單元可依幼兒時間分 2〜3 次來進行。

🐞 **活動過程:**

✏ 引起動機

＊表情模仿遊戲

老師拿出喜、怒、哀、樂的表情圖片,與幼

表情圖卡

兒一起模仿臉部表情與動作。

▇ 活動一／創造性肢體律動

❶ 老師播放音樂（見所需教材），引導幼兒聆聽曲中的重音部分，配合肢體來拍手或踏腳。

❷ 配合曲式呈現出創造性的律動。其範例如下：
A 段（重複四次）：重音部分自由呈現喜或怒、哀、樂的表情，之後隨著樂曲旋律移動身體。
B 段（重複兩次）：隨著音樂上下行來做肢體的伸展，或做上升下降的動作。
C 段：隨著樂曲重音部分與漸快的節奏，變化面部表情與身體動作。
A 段與結尾：重複 A 段的動作兩次，隨著樂曲的漸快移動身體，直到曲子結束，呈現肢體靜止姿態。

貼心小叮嚀

老師可以發給幼兒小絲巾，配合肢體動作來呈現舞蹈。並於樂曲中不同的段落加上樂器伴奏，提示肢體動作或表情的轉換。

▇ 活動二／音樂與藝術創作──海上的煙火

❶ 依幼兒人數分組（4～6 人）後，讓幼兒分別穿上雨衣。

❷ 地板上鋪大張的棉紙或宣紙（底下墊著舊報紙）。

❸ 將調好的顏料裝於小水袋，讓幼兒選擇自己喜歡的顏色，一人拿一袋顏料水。

❹ 請幼兒聆聽曲中的重音部分時，用手將顏料甩在紙上，或是用手沾顏料拍打在紙上，之後隨著樂曲旋律，用手沾顏料畫上音樂的線條。

❺ 老師播放歌曲當成背景音樂，與幼兒一起分享彼此所創作的畫。等待畫紙陰乾。

✏· 活動三／聲光的遊戲——海上的煙火

❶ 讓幼兒自由發表看到煙火的情形，以及放煙火的經驗，引發幼兒做相關影像的聯想與聲音模仿。

聲光遊戲

❷ 待紙張陰乾後，準備大小種類的手電筒，請幼兒表演一段燈光煙火秀。

❸ 將幼兒分成兩組：a 組當表演者、b 組當觀眾。
　步驟（一）：請兩位幼兒分別站於畫紙左右一角，拿著剛才所創作的圖畫，老師將電燈熄暗，播放音樂。a 組幼兒手持手電筒，站或坐於畫紙後方，配合音樂來舞動手上的燈光，營造不同的光速的變化。b 組幼兒坐於畫紙前觀賞。
　步驟（二）：兩組交換角色。

✏· 結束活動

讓幼兒分享自己創作，並欣賞課本中（p. 16）的煙火圖畫。

煙火圖

海上的煙火

🐞 延伸活動：

＊聲光藝術與造型

音樂開始：準備一塊大黑布，做為螢幕，請幼兒手持小手電筒，站於大黑布
後方，老師將教室燈光熄暗。

A 段：樂曲重音部分，幼兒手持小手電筒一同自由呈現煙火齊綻放的畫面，
之後隨著樂曲旋律移動身體在大黑布後方畫出大小的連環圖形，如：

ℓℓℓℓ 。

B 段：隨著音樂旋律上下行，小手電筒往前靠近大黑布，再慢慢往後移，如
小花一朵朵開放。

C 段：隨著樂曲重音部分與漸快的節奏變化，小手電筒的燈光左右晃動像是
煙火從左右放射出來。

A 段與結尾：請幼兒離開大黑布，拿著小手電筒讓肢體自由展現，營造彩色
星光點點的情境。

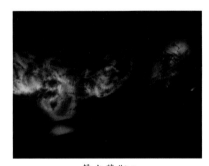

聲光藝術 1

🐞 需要的教材與教具：

❶ CD 音響。

❷ 音樂 CD：「大眾名曲 2」，*俄羅斯舞曲*，第 17 首。台北：聯記唱片。

❸ 廣告顏料、小水袋數個、雨衣數件。

❹ 棉紙或宣紙及舊報紙數張。

❺ 大小手電筒及一塊大黑布。

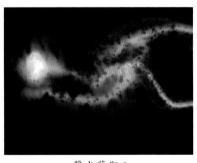

聲光藝術 2

小丑魚找媽媽

🐞 **活動目標：**

❶ 利用童韻引導幼兒練習肢體頑固伴奏。
❷ 增進幼兒語言節奏性的能力。
❸ 認識【ㄟ】八分休止符的音樂符號。

🐞 **設計理念：**

　　利用故事帶領幼兒進入童韻的教學，藉由語言節奏的練習，引導幼兒對八分休止符的認識與寫法，從簡單的頑固伴奏來讓幼兒實際體驗八分休止符【ㄟ】時值。

🐞 **活動過程：**

✏️ 引起動機

　　老師拿出小丑魚的圖卡以一則故事帶入主題（見附錄一）。

故事圖卡（一）

大班 小海馬的家

■ 活動一／童韻——「小丑魚找媽媽」
（說白節奏）

❶ 老師唸一遍童韻（見附錄二及課本 p.
18），與幼兒討論內容，來增加幼兒對
童韻的熟悉。

故事圖卡（二）

❷ 與幼兒玩抓蝦遊戲。老師敲出三角鐵的聲
音，則幼兒做出抓蝦子的動作（握拳
抓）。

❸ 帶領幼兒圍坐成圓圈一同念出此首童韻，
老師於八分休止符處【ϓ】敲出響棒的聲
音，請幼兒於八分休止符【ϓ】的地方雙
手做抓握的動作，來顯示八分休止符
【ϓ】休息半拍的時值。

故事圖卡（三）

❹ 加入肢體節奏來做頑固伴奏。其範例如下：
【♩（拍手）♩（拍手）♫（左右手拍膝蓋）♩（右手拍膝蓋）】

■ 活動二／可愛的小蝦子【ϓ】

❶ 告訴幼兒小蝦子跑很快所以雙手抓握就可以抓到了，教唸【ϓ】讀法（發
出 m 的悶音）與寫法。

❷ 利用【ϓ♪ ϓ♪】（<u>抓握、拍手</u>、<u>抓握、拍手</u>）為頑固伴奏，引導幼兒唸
童韻。

❸ 將幼兒分組，加入肢體節奏，以卡農或輪唸來進行童韻說白遊戲。其範例
如下：
A 組：活動一的肢體節奏為頑固伴奏。
B 組：【ϓ♪ ϓ♪】（<u>抓握、拍手</u>、<u>抓握、拍手</u>）為頑固伴奏。

紙上作業（p. 17）：請幼兒於課本中找出八分休止符【ㄢ】，並塗上顏色。

延伸活動：

老師可以於（活動二／可愛的小蝦子）說白節奏中加入樂器的頑固伴奏。

需要的教材教具：

❶ 小丑魚的圖卡。

❷ 【ㄢ♪ㄢ♪】節奏卡。

❸ 彩色筆。

附錄一：故事

小 丑 魚 找 媽 媽

　　有一天，小丑魚的媽媽對小丑魚說：我們今天去買些東西。小丑魚很高興地對著媽媽點點頭。

　　於是小丑魚高高興興地跟著媽媽出門了。小丑魚看到了五花八門的東西，好興奮地游來游去！……突然間，小丑魚轉過身來發現媽媽不見了，小丑魚慌張地大聲說：「媽媽不見了！」牠非常害怕，因為海裡有許多的大鯊魚。小丑魚緊張地四處詢問：「海馬叔叔，請問你有沒有看到我媽媽？」海馬搖搖頭。小丑魚繼

續往前找，看見了水母阿姨在那裡跳舞：「水母阿姨，請問妳有沒有看到我媽媽？」

「我想一想，對了！你到螃蟹叔叔那裡看一看。」水母阿姨說。

小丑魚向水母阿姨道謝後就趕忙地游走了。

這時候，突然遇到了小蝦子，小蝦子一聽到小丑魚要找媽媽，便陪著牠一起去……。

果然，媽媽在螃蟹叔叔的家，也正焦急地詢問小丑魚的下落。

 **貼心小叮嚀**

　　老師藉由故事意涵告訴幼兒，外出時要小心別走丟了，更要小心別任意與陌生人交談。

附錄二：童韻

小丑魚找媽媽

童韻：吳幸如

單元 12

美麗的熱帶魚

活動目標：

❶ 帶領幼兒學會製作簡單的克難樂器——小鈴鼓。
❷ 經由自製樂器的過程訓練幼兒的手眼協調能力。
❸ 豐富幼兒的音樂學習經驗及創作能力。
❹ 複習【𝄾♪ 𝄾♪】頑固伴奏。

設計理念：

透過製作自製樂器——「熱帶魚鈴鼓」的過程，讓幼兒提昇手眼協調能力與創作能力，並體驗自己動手做樂器的樂趣，由完成的作品中獲得成就感與自信心。

活動過程：

引起動機

老師拿出熱帶魚的圖片，與幼兒討論熱帶魚身上的花紋顏色，告訴幼兒今天將製作一隻會發出聲音的小熱帶魚……。

◖▭ ·自製克難樂器——熱帶魚小鈴鼓

❶ 老師發給圓形瓦楞紙板與蠟筆，請幼兒在
瓦楞紙上畫出熱帶魚的圖樣。

❷ 發給幼兒十根十公分長的毛根及十顆彩色
鈴鐺。

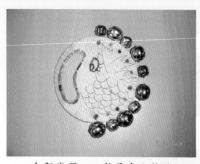

自製樂器——熱帶魚小鈴鼓

❸ 請幼兒將毛根穿進鈴鐺的洞口，然後把毛根繫於瓦楞紙上的小洞，全部繫
上後即完成了熱帶魚小鈴鼓（參見課本 p. 19）。

貼心小叮嚀

♪ 老師事先準備好圓形瓦楞紙板：在瓦楞紙的邊緣裁出一
個可以手握住的洞，再將另一邊緣打出幾個小洞（約八至十
個）。

♪ 可將幼兒製作的成品貼於公佈欄，佈置成海底世界的情境。

◖▭ ·結束活動

請幼兒拿著自製樂器，敲打頑固節奏【ㄧ♪ ㄧ♪】來伴奏童韻。

🐞 需要的教材教具：

❶ 熱帶魚圖片。

❷ 圓形瓦楞紙、彩色鈴鐺、毛根數條。

單元13

海馬信差

🐞 **活動目標：**

❶ 透過簡單樂器圖譜進行樂器合奏。
❷ 藉由合奏活動訓練幼兒的專注力與節奏能力。
❸ 培養幼兒能遵守秩序排隊拿樂器的習慣。

🐞 **設計理念：**

透過簡單樂器圖譜，讓幼兒在很短的時間內進行樂器合奏的練習，訓練幼兒的專注力與正確的樂器敲奏方式，並加入前一單元自製的克難樂器——「熱帶魚鈴鼓」，增加合奏活動的趣味性。

＊本單元課程可以配合幼兒的時間，分成 1～2 次來進行。

🐞 **活動過程：**

👉 引起動機

❶ 老師詢問幼兒，平常是誰辛苦幫我們送信呢（如：郵差）？

❷ 故事引導：「海馬信差」。

「有一隻勤快的小海馬，每天都駕著由兩隻小海豚拉著的蚌殼車，替海底的動物們送信。有時候，蚌殼車還未到家門口，大家都會跑出來迎接小海馬，為什麼呢？原來是蚌殼車上播放著送信的音樂……，但是今天蚌殼車的音樂壞了……這該怎麼辦呢？」

❸ 老師請幼兒來幫幫小海馬演奏送信的音樂。

海洋的朋友

◖▨ · 器樂合奏 —— 海馬信差

❶ 老師將音響圖譜掛於白板上（見附錄）。

❷ 發給幼兒樂器，老師示範與解說圖譜的敲奏方式。

❸ 請幼兒看著海報上的樂器圖譜，依照自己所拿的樂器，分段來進行敲奏練習。

❹ 幼兒熟悉敲奏方式後，老師播放音樂（見所需教材），引導幼兒分段來練習合奏。

◗))) 貼心小叮嚀

　　此樂曲為三段曲式（見附錄），老師可依照幼兒能力來設計樂器圖譜，增加或減少樂器的敲奏組合。

◖▨ · 結束活動

紙上作業（p. 20）：請幼兒為課本中的小海馬塗上顏色。

🐞 延伸活動：

老師可以利用《郵遞馬車》的樂曲，配合劇情來延伸音樂劇的表演。

🐞 需要的教材教具：

❶ CD 音響。

❷ 音樂 CD：「大眾名曲 2」，***郵遞馬車***，第 10 首。台北：聯記唱片。

🐞 附錄：樂器圖譜

郵 遞 馬 車

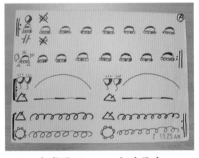

音響圖形 A——郵遞馬車

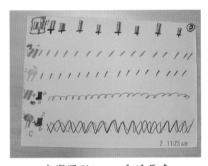

音響圖形 B——郵遞馬車

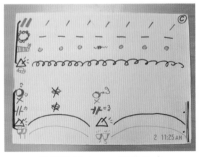

音響圖形 C——郵遞馬車

筆記欄

單元 14 清晨中的海洋

🐞 **活動目標：**

❶ 透過創造性肢體律動來感受音樂的節奏與旋律。
❷ 訓練幼兒大肢體動作的平衡感與協調性。
❸ 讓幼兒利用彩帶來表現肢體流動性與情感表達力。

🐞 **設計理念：**

　　利用樂曲讓幼兒感受律動與節奏，藉由揮動彩帶，表現肢體流動性及肢體的平衡感與協調性，訓練幼兒對方向、空間、時間與力度的掌控。

🐞 **活動過程：**

🖍 · 引起動機

＊肢體放鬆練習

❶ 老師形容清晨陽光照在海面波光粼粼的美麗景象（課本 p. 21）。

音樂律動（一）

❷ 請幼兒想像自己是海底中的動物、植物，以最舒服的姿勢躺著。

❸ 播放曲子（見附錄），讓幼兒自己隨著音樂，扭動自己的身體。

音樂律動（二）

⬛ 活動一／創造性肢體律動

❶ 老師請幼兒站起來，發給每人兩條長彩帶
（彩色皺紋紙）。

❷ 老師利用手鼓打節拍【♩♩♩】，請幼兒
雙手拿著彩帶往前走三步，老師再敲三角
鐵【♩.】，請幼兒往上跳起兩手將彩帶向
上甩，成拋物線狀。

❸ 老師引導幼兒利用彩帶做出曲線、拋物線、螺旋線等，配合身體跳起、蹲
下、轉圈……等，做出不同變化。

❹ 播放曲子（見所需教材）請幼兒跟著樂曲與老師一起跳舞（不需排隊或圍
成一圈）。範例如下：

舞序——

前奏：動作預備。

A 段：a.雙手放後面（成稍息狀），向前走三拍，第四拍後跳起兩手將彩
帶向上甩成拋物線（六拍×4次）。

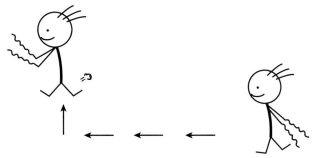

b.雙手放後面（成稍息狀），向後走三拍，第四拍跳起兩手將彩帶
向上甩成拋物線（六拍×4次）。

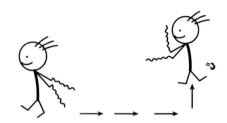

B 段：a.雙手向前平舉，踮步右轉圈，拿著彩帶用曲線上下波浪甩動（三
　　　拍），第四拍以後，左右手向外一起甩出拋物線（六拍× 4
　　　次）。

　　b.雙手向前平舉，踮步左轉圈，拿著彩帶用曲線上下波浪甩動（三
　　　拍），第四拍以後，左右手向外一起甩出拋物線（六拍× 3
　　　次）。

　　c.雙手向前平舉，踮步左轉圈，拿著彩帶用曲線上下波浪甩動，身
　　　體慢慢蹲下（六拍× 1 次）。結束。

貼心小叮嚀

　　彩帶長度要配合幼兒的身高，避免幼兒舞動肢體時，不小
心踩到彩帶。

大班 小海馬的家

■·結束活動

❶ 老師請幼兒分組跳舞，彼此互相欣賞水草之舞。

❷ 紙上作業（p. 22）：老師準備照相機為幼兒拍照，於下一堂課發給幼兒，貼於課本上。

🐞 延伸活動：

老師帶領幼兒即興創作舞蹈動作。

🐞 需要的教材與教具：

❶ CD 音響。

❷ 音樂 CD：「芭蕾舞蹈教室」U310025，*Grand pas de pointes*，第 31 首。台北：上揚。

❸ 皺紋紙彩帶數條。

❹ 照相器材。

海底音樂會

🐞 **活動目標：**

❶ 讓幼兒分辨及了解樂器獨特的音色。
❷ 藉由合奏練習訓練幼兒的專注力。
❸ 發展幼兒的想像力與創造力
❹ 培養幼兒敏銳的反應力和表達能力。

🐞 **設計理念：**

　　透過故事的引導，將海底動物生動的畫面，結合樂器聲響的敲奏，加強故事的戲劇效果，提昇幼兒聆聽的專注力及對樂器聲音的辨識與記憶。利用主題性的故事型態，帶領幼兒嘗試肢體的動作模仿，體驗戲劇角色的扮演。
　　本單元課程可以配合幼兒的時間，分成 2～3 次來進行。

🐞 **活動過程：**

✏ **引起動機**

❶ 老師與小朋友討論過生日時的情形，爸爸媽媽是否會買蛋糕慶祝或送禮物祝賀？

❷ 利用故事引導（見附錄），請小朋友來聽聽海底
　國王如何幫小人魚公主過生日。

音樂故事

■ 活動一／音樂故事與配樂

❶ 老師事先準備好樂器與海底生物圖片，說故事
　（見附錄及課本 p. 23）的同時，配合樂器製造
　音效，增加故事的趣味性與戲劇性。

❷ 故事聽完後，以問答方式（如：故事中出現什麼
　樣的海底動物？他們又帶什麼樂器來幫人魚公主祝賀呢？），加強幼兒對
　故事中的角色、情節、音效的熟悉。

❸ 分別發給幼兒故事中所出現的樂器。老師重複敘述故事，請幼兒依故事情
　節來配出音效。

■ 活動二／肢體動作模仿——故事角色扮演

　　幼兒熟悉故事內容後，老師引領幼兒利用肢體動作，模擬故事中的海底動物
的表情及姿態。如，人魚公主、水母姑娘、海蚌、小丑魚、河豚……等，讓幼兒
們即興創作動作（如：海蚌一開一合的模樣、河豚鼓脹著大肚子……等），呈現
豐富的想像力與肢體表達能力。

貼心小叮嚀

　　在模仿的過程中，老師可以敲擊樂器，增強幼兒的模仿動
作，亦加深幼兒對故事情節的記憶。

■ 活動三／創作性故事戲劇

❶ 當幼兒對海底動物的肢體動作模仿有初步認識之後，老師可將幼兒分成兩

組，自由選擇樂器敲樂奏或扮演海底動物。如，請一組幼兒們挑選故事中的樂器來敲奏，另一組幼兒模仿海底動物的動作。

❷ 幼兒們各自將自己所扮演的動物與敲奏的樂器準備好後，老師開始講述故事，請幼兒將情景表現出來。

⬛▶ 結束活動

請幼兒模仿海裡動物的動作，喝水或是上廁所。

🐞 延伸活動：

加入道具、佈景、音樂、服裝、燈光……，結合課程中的「泡泡球的舞蹈」、「水草之舞」、「清晨中的海洋」……等單元，可以製作一齣表演性的音樂戲劇。

音樂戲劇表演

🐞 需要的教材教具：

❶ 故事中的海底生物圖片。

❷ 有調類樂器：鐵琴、木琴、鐘琴。

❸ 無調類樂器：鈸、大鼓、碰鐘、手響板、高低木魚。

海底音樂會——人魚公主過生日

在一個美麗的夏天，皎潔的月光照在平靜的海面上，但在很深很深的海底傳來陣陣美妙的音樂，原來呀！是人魚公主要過生日囉！

「鏗！鏗！鏗！」，國王的章魚士兵敲起了響亮的「鈸」，看看是誰來向人魚公主祝賀！一群可愛的小丑魚撥動著牠的鰭，扭起了牠的背，敲著「鐵琴」悅耳的樂音，叮叮噹噹的響起快樂的音符。

「鏗！鏗！鏗！」，國王的章魚士兵敲起了響亮的「鈸」，看看是誰來向人魚公主祝賀！哇！蝦子部隊踏著整齊的步伐，敲奏著「鐘琴」，聲音變成彩色的泡泡，越來越大，越來越亮，把生日宴會佈置得七彩繽紛！緊接著會是誰呢？

「鏗！鏗！鏗！」，國王的章魚士兵又敲起了響亮的「鈸」，看看是誰來向人魚公主祝賀！那是什麼聲音啊？「砰！砰！砰！」一個個河豚鼓脹著牠的大肚子，拍打出「大鼓」輕快的節奏，讓在場的每一位嘉賓都忍不住跟著節奏搖擺起來。

「鏗！鏗！鏗！」，國王的章魚士兵又敲起了響亮的「鈸」，看看是誰來向人魚公主祝賀！好優美的舞姿啊！「鐺！鐺！鐺！」，「碰鐘」清亮、甜美的音樂，水母姑娘搖曳著、舞動著，流啊流，把一旁的水草渲染成各種鮮豔的顏色，月光從天而下穿透在水草之間，散發出明亮的色彩！

「鏗！鏗！鏗！」，國王的章魚士兵又敲起了響亮的「鈸」，看看是誰來向人魚公主祝賀！遠遠的一方，閃爍著亮晶晶的光芒，「喔！好漂亮的珠寶啊！」海蚌帶著最耀眼的珍珠禮物，伸展出雙手，一開一合、一開一合地，拍打出「手

響板」祝福的樂聲。

「鏗！鏗！鏗！」，國王的章魚士兵又敲起了響亮的「鈸」，看看是誰來向人魚公主祝賀！

看呀！誰把水草弄得東搖西擺的，大夥兒興奮地探出頭來。一看，哎呀！是擁有一副甜美歌聲的海鰻小姐，唱著「木琴」般悅耳動聽的歌曲，優雅的向人魚公主道賀。宴會就要開始囉！

「喂……！等等我！」小海龜喘噓噓的吆喝著，彼此相互合作，你敲我的背，我敲你的背，「咚！咚！咚！」，你來我往，敲出「木魚」高高低低的聲音，小海龜們可愛又開心，終於趕上宴會了！

「鏗！鏗！鏗！」，國王的章魚士兵再次敲起了響亮的「鈸」，大聲的宣布：「生日宴會開始了～～～」，輕盈的音樂瀰漫在水晶宮中，一場熱熱鬧鬧、歡天喜地的生日宴會，開始囉！

最後，美麗的人魚公主在大家的祝福與樂聲中展現了華麗的舞姿……。

＊樂器介紹

有調類樂器：• 小丑魚──鐵琴
　　　　　　• 蝦子部隊──鐘琴
　　　　　　• 海鰻小姐──木琴

無調類樂器：• 章魚士兵──鈸
　　　　　　• 河豚──大鼓
　　　　　　• 水母姑娘──碰鐘
　　　　　　• 海蚌──手響板
　　　　　　• 小海龜──高低木魚

大班 小海馬的家

筆記欄

單元 16

交響曲之夜

🐞 **活動目標：**

❶ 藉由交響曲向幼兒介紹一位偉大的音樂家——「貝多芬」。
❷ 提供幼兒欣賞交響曲的機會。
❸ 透過音樂欣賞提昇幼兒的音樂鑑賞力。
❹ 啟發幼兒的表達力及想像力。

🐞 **設計理念：**

　　藉由音樂欣賞，讓幼兒認識音樂家：偉大的樂聖——貝多芬，了解音樂家的生平及有名的創作。讓幼兒聆聽貝多芬的音樂作品「命運交響曲」，體會春雷乍響的低弦。過程中，引領幼兒透過樂曲，感受強、弱變化瞬間的震撼力。單元中亦介紹「田園交響曲」，來感受田園風光與春天的景緻，啟發幼兒的表達力及想像力。

🐞 **活動過程：**

✏️ **引起動機**

　　老師拿出「貝多芬」的照片，請幼兒們猜一猜他是誰。播放《第五號交響曲

大班 小海馬的家

「命運」》，讓幼兒感受此曲第一樂章動人心魄的那四個著名「動機音」的震撼力，聽聽看「貝多芬」是如何描寫命運之神來敲門？

🎙 活動一／音樂欣賞──貝多芬生平及作品介紹

❶ 向幼兒介紹音樂家──貝多芬，藉由書籍（見所需教材）中的圖像、文字介紹貝多芬的生平（如，貝多芬聾而不廢，依然成就輝煌……）。

❷ 介紹貝多芬另一首不朽的作品：《第九號交響曲「合唱」》──第四樂章「歡樂頌」，這是有史以來加入聲樂的交響曲，雖然當時貝多芬在台上指揮，但是他已經聽不到任何聲音了……即使樂曲結束後，仍渾然不知。直到一位女歌手牽著他的手，轉身面對掌聲如雷的觀眾……。

❸ 介紹《第六號交響曲「田園」：第一樂章》。一生喜愛大自然的貝多芬，把自己對田園生活的情感，充份地表現在這首交響曲：由到達田園後的愉快氛圍開始，小河的情景、快樂的農夫、小麻雀愉悅的鳴唱聲……等。

音樂家貝多芬

🎙 活動二／音效與配器法

❶ 老師在地上放置動物的圖片，請幼兒說出哪一種敲擊樂器和哪一種動物的叫聲最相似，如：小鳥的叫聲可以用什麼樂器來敲奏？流水聲用什麼樂器來代替？請幼兒敲敲看。

❷ 將幼兒分成兩組，一組幼兒拿圖片，另一組幼兒找尋適合的樂器與拿圖片的幼兒配對，兩人可以討論聲音是否合適。

□ 結束活動

紙上作業：請幼兒翻開課本（p. 25）為貝多芬畫像塗上顏色。

　　事先準備小貼紙，以有獎徵答的方式回答老師所提出的問題（貝多芬的生平事蹟）。

🐞 延伸活動：

　　老師將樂曲中所感受到的強弱、大小、快慢、漸強漸弱做成圖卡，用樂器來作示範，敲奏出音效。如，拿出漸強的圖卡時，樂器敲擊漸強音；聲音漸漸變弱時，樂器敲擊漸弱音……。

🐞 需要的教材教具：

❶ CD 音響。

❷ 音樂CD：「進入作曲家的世界4──貝多芬」，第 2、20、21、22、25 首。台北：台灣麥克。

❸ 參考書籍：《進入作曲家的世界──貝多芬》。台北：台灣麥克。

筆記欄

神秘的面紗

🐞 活動目標：

❶ 感受音樂的節奏與旋律。
❷ 透過舞蹈來豐富幼兒的肢體語言。
❸ 感受不同文化的音樂特色與風土民情。

🐞 設計理念：

　　利用古老東方的樂曲，讓幼兒認識不同文化的音樂特色與曲調，並藉由裝扮遊戲來進行創作性的舞蹈，體驗中東國家鼓樂舞蹈的特色與風土民情。

🐞 活動過程：

✏ 引起動機

　　老師藉由課本中的「小海馬」述說故事：從中東旅遊回來的水母姑娘，將舉行一場舞蹈表演，希望所學的舞蹈能帶給海洋世界的動物們一個不同的視野……。

🔊 活動一／古老的東方舞蹈

❶ 翻開課本（p. 26），向幼兒介紹中東國家的風土民情、各式傳統活動及服飾特色（女性蒙面紗）。

❷ 「古老的樂曲」這首曲子（見所需教材）讓孩子感受音樂的節奏與旋律。

❸ 女孩子一人一條面紗蒙在臉上，來體驗中東國家婦女的傳統風俗。

❹ 教導幼兒跳舞。老師請幼兒圍成一圈，左手往後像端盤子的動作，右手向前將手搭在前面一位幼兒手上（像端盤子的手）。幼兒一個接著一個動作將手搭好。

　舞序──

　　前奏：肢體跟著節奏韻律做準備。

　　Ａ段（8 拍×4）：搭著前面幼兒的手【♩♩♩♩ (往前走四步)】，【♩ (右踏腳)♫ (雙手〈不搭他人的手〉往右方拍手兩下)♩ (左踏腳)♩ (雙手〈不搭他人的手〉往左方拍手一下)】。（重複四次）

舞蹈動作（一）

舞蹈動作（二）

B 段（8 拍×4）：全部幼兒面向圓心。

　　　　　　　a.前四拍動作——【♩（右腳向前走一步）♩（雙手舉起做彈指狀）

　　　　　　　♩（左腳向前走一步）♩（雙手舉起做彈指狀）】。

　　　　　　　b.後四拍動作——【♩♩♩♩（雙手做端盤子動作，身體倒退走四

　　　　　　　步）】。（重複四次）

舞蹈動作（三）

舞蹈動作（四）

貼心小叮嚀

♪ 老師可配合幼兒能力，改編動作的難易度。

♪ 讓女生幼兒臉上綁上小絲巾，增加舞蹈的生動與趣味。

活動二／鼓樂舞蹈

　　將幼兒分成兩組：a 組進行舞蹈，b 組敲奏樂器來伴奏。其樂器伴奏範例如下：

　　a.邦哥鼓：【♩（左）♫（右）♩（左）♩（右）】【♩（左）♫（右）♩（左）♩（右）】。

　　b.碰鐘：【　　▬　　】【𝄽♫𝄽♩】。

　　c.風鈴：【　　▬　　】【𝅝〜〜〜〜〜（滑奏）】。

貼心小叮嚀

老師可依幼兒能力改編節奏的難易度，
或刪減樂器伴奏的項目。

▬ · 結束課程

請幼兒翻閱課本（p. 26），欣賞水母的舞姿。

🐞 需要的教材教具：

❶ CD 音響。

❷ 音樂 CD：「哈囉！大家來跳舞」（4468），*古老的樂曲*，第 7 首。台
北：上聿文化。

❸ 中東國家的風土民情圖片。

❹ 小絲巾數條。

❺ 樂器：邦哥鼓、碰鐘、風鈴。

單元18 原始之音（一）

🐞 **活動目標：**

❶ 讓幼兒感受不同民族的語言及文化特色。
❷ 提供幼兒學習他國童謠歌曲的機會。
❸ 讓幼兒感受不同國家樂曲的風格。
❹ 結合克難樂器來體驗合奏的樂趣。

🐞 **教學理念：**

　　由於多元文化的介入與國際觀的拓展，在課程上介紹不同國家的民謠，希望幼兒能體驗不同國家的民俗風情與不同音樂的風格。本單元藉由簡單的非洲童謠，讓孩子能運用所學的基礎節奏結合歌唱與活動，利用日常生活的用品——「杯子」當樂器，敲打頑固伴奏，增加學習的樂趣，提昇幼兒節奏創作的能力。

非洲土著偶（一）

非洲土著偶（二）

🐞 活動過程：

▶ 引起動機

❶ 從地球儀中或世界地圖中，找出非洲和我們台灣的相關位置。

❷ 老師拿出關於非洲的風景圖畫，及相關祭典活動照片向幼兒介紹非洲文化特色。

❸ 藉由小黑魚的歷險（老師自編故事：小黑魚從非洲回來學會了一首歌曲及舞蹈……等等），來帶領幼兒進入非洲童謠的世界。

▶ 活動一／節奏與傳話遊戲

❶ 請幼兒圍坐成一圈，老師轉身，向身旁的幼兒說一句悄悄話（任何一句國、台語的話），讓幼兒一個個的傳給下一個人，最後一位幼兒向大家說出他聽到的內容。

❷ 利用傳話遊戲，讓幼兒熟悉簡單的非洲童謠（見附錄一與附錄二：歌詞內容涵義與譯音）歌詞，增加活動的趣味與神秘性。

❸ 加入肢體節奏【♩（拍手）♩（踏腳）♩（拍手）♩（踏腳）】與唸詞的傳遞。

▶ 活動二／歌曲與杯子節奏遊戲

❶ 老師先以簡單的肢體節奏【♩（拍手）♩（踏腳）♩（拍手）♩（踏腳）】來教唱歌曲。

❷ 待幼兒熟悉後加入肢體節奏【♩♩♩（拍手）♫♩（左右手個別拍膝蓋）♩（拍手）♩（雙手一起拍膝蓋）♩（拍手）】，配合歌曲來伴奏（老師可依幼兒能力來調整節奏的拍打）。

貼心小叮嚀

　　請幼兒圍坐成一圈，老師發給每人一個紙杯。讓幼兒試著將杯子放在身體的任何一個部位，試試看如何不讓紙杯掉下來。利用有趣的遊戲，讓幼兒不會因此拿著杯子來製造噪音或亂丟杯子。

杯子節奏遊戲（一）

❸ 幼兒將杯子倒蓋（杯底朝上）在自己的前方，跟著老師的動作，利用紙杯拍出頑固伴奏，並唱歌曲。

　　a. 範例一：

　　　　【♩（拍手）♩（雙手一起拍杯底）♩（拍手）♩（雙手一起拍杯底）】。

　　b. 範例二：

　　　　【♩（拍手）♩（拍手或雙手一起拍杯底）♩（拍手）♩（雙手一起拍杯底）♩（拍手）】。

　　c. 範例三：

　　　　【♩♩（拍手）♫♩（左右手分別拍杯底）♩（拍手）♩（雙手一起拍杯底）♩（拍手）】。

貼心小叮嚀

　　老師可依節奏的難易度，選擇適當的方式指導幼兒進行杯子的型態，或調整拍打的節奏。

杯子節奏遊戲（二）

👉 活動三／杯子傳遞遊戲

❶ 在活動之前，老師先引導幼兒舉起右手，確認杯子要傳遞的方向（往右傳）。

大班　小海馬的家

232

❷ 一起唱歌曲，在每段的最後兩拍就將杯子傳給右邊的幼兒，如此一直接著重複唱，看看最後誰的前面堆疊最多杯子（老師可以慢慢加快歌曲速度）。其範例如下：

【♩（拍手）♩（雙手一起拍杯底）♩（拿起杯子）♩（將杯子傳遞右方）】

▬· 結束活動

❶ 與幼兒一起分享課本中小黑魚的舞姿。

❷ 紙上作業（p. 27）：請幼兒為小黑魚塗上顏色。

🐞 延伸活動：

請幼兒創造不同杯子的敲擊方式與玩法。

🐞 需要的教材教具：

❶ 非洲的風景圖畫及相關照片。

❷ 紙杯數個。

❸ 蠟筆或彩色筆。

🐞 附錄一：非洲兒歌

Afrikanisches Begrüßungslied (註)

Text und Melodie
mündlich überliefert aus Ghana

Fun-ga　a-la-fi-a　a-sche　a-sche

Fun-ga　a-la-fi-a　a-sche　a-sche.

（註：樂曲來源——作者參加國際音樂夏令營時，由 Reinhold Wirsching 教授所提供。）

🐞 附錄二：兒歌之譯音及其詞義

❶ 譯音：分嘎、阿拉扉呀、阿嚎、阿嚎。分嘎、阿拉扉呀、阿嚎、阿嚎。

❷ 詞義：向友人問候、道好之意。

cancelled

cancelled

筆記欄

單元 19

原始之音（二）

🐞 **活動目標：**

❶ 提昇幼兒節奏的創造能力。
❷ 從鼓樂舞蹈中體驗不同國家的風土民情。
❸ 藉由器樂合奏培養幼兒團隊精神與專注能力。
❹ 提供自我表現的機會以提昇幼兒的自信心。

🐞 **設計理念：**

　　介紹《我的野生動物朋友》一書中的故事，展現非洲土著的生活習性，及對上蒼的感謝與敬畏之心，提昇幼兒對愛護動物與尊重生命的價值觀。並從樂器合奏與舞蹈創作中，體驗不同國家的風土民情，運用所學的基本節奏表現出樂曲的特色。

🐞 **活動過程：**

🔊·引起動機

❶ 延續上一單元的活動，老師利用《我的野生動物朋友》一書（見所需教材）介紹非洲的風貌。

❷ 老師敘述非洲土著的生活習慣，及對上蒼的感謝與敬畏之心情。

活動一／節奏遊戲、問句與答句

❶ 節奏遊戲

　a.老師發給幼兒響棒，請幼兒模仿老師拍打出節奏。

　b.再請一位幼兒當領導，利用響棒即興創造出節奏，其他幼兒模仿。

　c.老師利用人聲（口技）創作音效，讓幼兒模仿。再請一位幼兒當領導者，其他幼兒模仿。

❷ 問句與答句

　a.老師利用非洲鼓來引導一個個幼兒問句與答句，如：老師：「請問你是誰【♩ ♩ ♫ ♩】？」幼兒：「<u>我叫</u>○○○（名稱）【♫ ♩ ♩ ♩】」。

　b.將幼兒分成兩組，一組負責敲擊手鼓（問句），一組負責敲擊響棒（答句）。

活動二／非洲鼓樂舞蹈

❶ 老師複習上一單元的歌曲。

❷ 配合歌曲（同上一單元）與節奏教導幼兒跳非洲舞蹈。例如：請幼兒圍成一圈，膝蓋微彎，臀部往上翹，雙手臂彎曲呈外推姿態。

動作：【♩（右腳踏，雙手往右推）♩（左腳踏，雙手往左推）♫ ♩（往前走 3 步，左右分開往外推）】

合奏練習

❸ 樂器敲奏練習。其範例如下：

　a. 非洲鼓：【♩（右手拍擊鼓面中心點：Bass 重音）♫（右手、左手替換拍擊鼓面邊緣）♩（同前）♫（同前）】。

　b. 牛鈴：【𝄽 ♫ 𝄽 ♫】。

非洲教學舞蹈

c. 沙鈴：【♫ ♫ ♫ ♫】。

❹ 將幼兒分成兩組：a 組跳非洲舞蹈，b 組負責敲擊樂器。

結束活動

＊紙上作業

❶ 翻開課本，請幼兒欣賞小黑魚的舞姿（p. 27）。

道具 1

❷ 老師準備照相機幫幼兒拍照，下一次上課時發給幼兒照片，貼於課本的相框裡（p. 28）。

道具 2

延伸活動：

活動經由改編後，可用於表演性節目。

需要的教材教具：

❶ 參考書籍：《我的野生動物朋友》。台北：如何。

❷ 樂器：非洲鼓、響棒、手鼓數個。

❸ 攝影器材。

單元 20

海底大富翁

🐞 **活動目標：**

❶ 從遊戲中增進學習的效果。

❷ 藉由海底大富翁遊戲複習本學期的音樂知能與概念。

🐞 **設計理念：**

　　藉由海底大富翁遊戲，讓幼兒在自然、快樂的氣氛裡，複習之前教過的音樂符號與節奏。

🐞 **活動過程：**

🔋·引起動機

❶ 老師取出介紹過的樂器、三十六塊方塊地墊、節奏卡、音名卡及一個六面貼有音符節拍的骰子。

❷ 讓幼兒猜想這五種物品將如何組成一個遊戲。

樂器圖卡（一）

❸ 讓幼兒一起合作，將此五種物品組成音樂大富翁的遊戲。

📢 海底大富翁

❶ 用三十六塊方塊地墊圍成一個正方形（9×4方塊的邊，中間中空以童軍繩排出五線四間）。

❷ 將單元中介紹過的樂器擺放（或貼上樂器圖片）在不同位置的方塊地墊上。其範例如下：

a.由一位幼兒站在「地墊」出發點，丟出六面貼有音符的骰子，若出現的是兩拍的音符，則代表向前走兩步，並翻開第二張老師所準備的節奏卡與音名卡。

b.幼兒走到定點的位置上，若地墊放有樂器，幼兒就需利用此樂器敲出節奏卡的節拍，敲錯則回到原點，正確則繼續進行遊戲。

c.幼兒走到定點的位置上，若地墊沒放樂器，則看著「音名」卡，從地墊中心的排線處（五線四間），找出音的位置，唱出音高，唱錯則回到原點，正確則繼續進行遊戲。

樂器圖卡（二）

樂器圖卡（三）

🔊 貼心小叮嚀

♪ 老師可依幼兒能力，改變遊戲的方法與步驟。
♪ 事先準備一些獎勵卡，鼓勵幼兒，以有獎徵答的方式，回答老師所提的問題（複習這學期所教導的音樂知能）。

結束活動

紙上作業（p.29）——翻開課本中的迷宮圖，請幼兒以手指來指出路線，並說出、唱出、拍出圖示中的音樂符號。

🐞 需要的教材和教具：

❶ 各種敲擊樂器。

❷ 三十六塊方塊地墊。

❸ 一個六面貼有音符節拍的骰子。

國家圖書館出版品預行編目資料

表達性藝術幼兒音樂課程教學指導手冊／吳幸如著. -- 初版. --
臺北市：心理，2005（民 94）
　　　冊；　公分. --（表達性藝術幼兒音樂課程系列；56001）

ISBN 978-957-702-844-0（上冊：精裝）

1.音樂－教學法　　　2.學前教育－教學法

523.23　　　　　　　　　　　　　　　　　　94020827

表達性藝術幼兒音樂課程系列 56001

表達性藝術幼兒音樂課程教學指導手冊【上冊】

作　　者：吳幸如
策　　劃：哈佛幼兒教育機構
執行編輯：陳文玲
總 編 輯：林敬堯
發 行 人：洪有義
出 版 者：心理出版社股份有限公司
地　　址：231 新北市新店區光明街 288 號 7 樓
電　　話：(02) 29150566
傳　　真：(02) 29152928
郵撥帳號：19293172　心理出版社股份有限公司
網　　址：http://www.psy.com.tw
電子信箱：psychoco@ms15.hinet.net
駐美代表：Lisa Wu（lisawu99@optonline.net）
排 版 者：辰皓國際出版製作有限公司
印 刷 者：辰皓國際出版製作有限公司
初版一刷：2005 年 11 月
初版六刷：2020 年 8 月
I S B N：978-957-702-844-0
定　　價：新台幣 450 元